쉽고 재미 있게 풀어 낸

격암유록

동양의 노스트라다무스, 남사고 선생의
한반도 자유 누리는 통일과 밝은 미래 예언

백향 **최정용** 지음

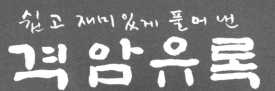

한반도 평화통일과
한국이 세계를 선도하는 중심국으로 부상
통일은 2025년인가? 2030년인가?
(독자가 판단할 수 있다!)

도서
출판 **행복에너지**

서 문

　올해가 청룡의 해인 갑진년 2024년도이니 토끼띠인 내가 작년에 회갑을 넘긴 나이가 되었다. 나는 충남 공주군 계룡면 유평리 신곡이라는 마을에서 7남매 중의 막내로 태어났다.

　공주와 논산 중간 지점인 계룡산 갑사 아래 집이 있었기에 계룡산에서 해가 뜨는 모습을 거의 매일 보며 계룡산 정기를 받으면서 자랐다.

　경천중학교 3학년 때 아버지는 병환으로 돌아가셨다. 공주사대부고를 입학하여 부고 2학년 때 어머니마저 병환으로 돌아가시게 되었다. 이렇게 거의 만 1년 반 사이에 부모님을 두 분 다 여의고 나니 인생무상함이 밀려왔다.

　'사람은 어디서 와서 어디로 가는가.' '시간은 시작도 끝도 없는가.' '가도 가도 우주의 끝은 없단 말인가.' '인류 역사 이래 인간이 만들어 놓은 무기는 다 사용되어 왔는데 만약 지구상의 핵무기가 다 터지면 80억 인류를 포함한 300만 종에 달하는 동식물이 다 사라질 터인데 시간은 막을 수 없으니 계속 흘러가는가.' 등의 생각을 중3 이후로 계속해서 생각에 꼬리를 물고 고민도 하면서 '진정한 해결책은 무엇이란 말인가?' 하는 생각을 끊임없이 하며 지내왔다.

초등학교 때부터 어머님이 새벽 4시면 비가 오나 눈이 오나 교회를 가시는 걸 보고 자랐다. 어머님의 영향을 받아 고2 때부터 성경을 읽고, 대학교 1학년 때 증산도에 관심을 갖고 동아리 회장도 하며 깊이 있게 알아보았다.

집이 갑사 근처라서 불교 영향도 있어서 성경, 불경, 대순경전, 봉명서, 삼역대경, 채지가, 용담유사, 주역, 육도삼략, 정감록, 도덕경 등을 접하면서 대학교 2학년 3월에 우연히 많은 경전에 통달하신 70여 세 되신 이석만 장로라는 분을 통해 조선 중기 남사고 선생의《격암유록》을 접하게 되었다.

그 분이 해석해 주시는 것을 들으면서 깜짝 놀라지 않을 수 없었다. 500년 전 당시에 동인서인 분당, 문정왕후가 돌아가시게 될 것 등을 적중하며 그 이후에 있을 임진왜란, 병자호란, 현재에 죽게 되는 상황과 살게 되는 방도, 그리고 조선왕조 500년, 경술국치, 일제 36년, 1945년 을유년 해방과 분단, 1950년 6·25전쟁과 1953년 7월 정전, 한반도 통일 등이 정확하게 예언되어 있었다.

프랑스의 대예언가 노스트라다무스(1503~1566)와 동시대에 살았던 남사고(1509~1571) 선생의 한민족의 앞날을 내다보는 혜안은 참으로 경이적이다.

21세기 물질문명시대에서 정신문명시대로 전환하게 되면서 한반도 통일과 더불어 대한민국의 부상과 통일된 대한민국이 전 세계를 선도하게 된다는 희망이 가득 찬 예측을 하고 있다.

그 중심에 우리 건국이념인 홍익인간으로 "널리 인간을 이롭게 하라"는 K-스피릿이 중심사상이 되어 인종과 이념과 종교를 초월하여 나무로 비유하면 "지구촌 온 인류가 한 나무이며, 같은 한 뿌리"이니 "누구든지 내 몸처럼 여기는" 한 가족, 한 몸 사상으로 큰 사랑 안에 평화가 정착된다는 것을 내다보고 있다.

초첨단 AI시대가 도래해도 양심이 살아있는 인성교육이 그 중심에 있으며, 불교로 말하면 '여아일체(汝我一体)'의 사상인 것이며, '만법귀일(萬法歸一)'이요, 공자님이 '오도(吾道)는 일이관지(一以貫之)'라고 한 말씀과 같이 모든 경전과 교육, 과학, 철학의 궁극적인 목표는 행복으로써 온 인류가 인성이 회복된 살기 좋은 평화로운 대동세계(大同世界)를 이루게 된다는 것이다.

지금까지 시중에 발간된 격암유록 주해본이 20권이 넘는다. 대체로 원문해석에 약간씩 차이가 있으며 난해한 부분까지도 저자 각자가 자신의 입장에서 해석하여 내놓는 과정에서 차이가 있기도 하고, 일반 독자가 읽기에는 내용이 어렵게 해석된 것이 사실이다.

독자분들은 이번에 『쉽고 재미있게 풀어낸 격암유록』을 읽으시고 격암유록의 진의를 파악하시고 희망찬 한반도 통일과 대한민국의 밝은 미래의 주역으로서 주인공이 되시길 두 손 모아 바라는 바이다.

끝으로 변함없이 책을 펴내는 데 애써주신 분들께 감사드립니다. 출판해 주신 (도)행복에너지 권선복 대표님, 제자(題字)를 써주신 늘빛 심응섭 선배님, 원고를 정리하고 교정해 주신 한영미 작가님, 디자인해 주신 이항재 디자이너님, 그리고 흔쾌히 추천사를 써주신 모든 분께 깊은 감사의 말씀을 드립니다.

특히 일찍 돌아가신 부모님께서 안 계시는 동안 오늘의 제가 있기까지 돌봐주신 장인, 장모님 그리고 형제자매, 형수, 매형께 새삼 절 올립니다.

늘 곁을 지키며 부족한 저를 일으켜 주는 아내 송을수, 부족한 아비에게 희망을 주는 아영, 원준 두 아이에게도 고맙다는 말을 전합니다.

2024년 3월 18일 백향(白香) **최정용** 큰절

추천사

2024년 현재 남북관계는 여전히 강대 강 대치 국면이 계속되고 있으며 북한의 여러 차례에 걸친 군사 도발과 핵무기 개발, 미사일 시험 등으로 인해 남북 대립이 더욱 격화되고 있는 상황이다. 10여 년의 의정 활동을 통해 외교와 통일 분야에서 활동하면서 국회 남북관계 특별위원회 위원장을 맡아 남북관계의 발전을 위해 노력해 온 나로서는 작금

대한석유협회 회장,
前 국회의원, 前 국회부의장,
윤석열 대통령 취임준비
위원회 위원장

박주선

의 남북관계에 대해 심각한 우려를 표명할 수밖에 없다.

그러나 남북관계가 일촉즉발의 위기 상황으로 치달을 수 있는 이때, 오히려 우리 민족의 꿈이자 숙원인 한반도 평화통일을 예언한 남사고 선생의 《격암유록(格菴遺錄)》을, 충남 예산군 신암중학교 현직 교장인 최정용 저자가 수십 년 동안 연구하여 펴낸 「쉽고 재미있게 풀어낸 격암유록」의 출간 소식에 가슴이 뛴다. 남북통일은 누구도 부인할 수 없는 우리 민족의 역사적인 목표이자 책임이며, 평화와 번영을 위한 필수적인 과제이기 때문이다.

책 「쉽고 재미있게 풀어낸 격암유록」은 단순히 역사적 예언만을 다룬 책이 아니다. '1) 동양의 노스트라다무스, 남사고는 누구인가? 2) 격암유록 예언의 적중 3) 한반도 평화통일과 밝은 미래'라는 3가지 큰 주제를 토대로 국립중앙도서관에 소장된 격암유록 원문과 저자의 깊은 식견과 통찰을 엿볼 수 있는 해석, 그리고 철저한 고증과 관련 사진(320여 장)들을 실어 시중에 출간된 책들과는 확연히 차별화가 된다. 수십 년에 걸친 최정용 저자의 심층적인 연구가 이 책 속에 녹아들어 그 가치를 한껏 끌어올리고 있는 것이다.

지금처럼 국내외적으로 어려운 때일수록 우리 모두 희망을 잃지 말아야 한다. 조선 중기부터 현재를 지나 미래에 이르기까지 놀라울 만큼 정확한 역사적 예언이 담긴 이 책을 통해, 독자 여러분 모두가 우리 민족의 꿈을 되새기며 통일된 대한민국의 희망찬 미래를 준비하게 되기를 기원한다.

번영이 약속된 통일된 나라! 내가 꿈꾸고, 한민족 모두가 희망하는 미래의 대한민국이다.

추천사

글로벌사이버대학총장
(BTS 유명가수가 졸업한 대학)

공병영

한국중등교장협의회 회장인 최정용 교장선생님의 첫 번째 책 발간을 진심으로 축하드립니다.

일전에 저자가 《격암유록》 원문을 보여준 적이 있는데, 그 예언이 상당 부분 맞아 깜짝 놀란 적이 있습니다. 《격암유록》은 동방의 노스트라다무스라고 불리는 격암 남사고(1509~1571) 선생이 쓴 역사서이자 예언서로 16세기 말 이후부터 펼쳐질 일들을 예언한 책입니다.

격암 남사고는 무려 500여 년 전 6 · 25전쟁과 판문점 사건을 예언했고, 오는 2025년 병술월(음력 9월)에 남북통일의 기운이 정점에 이르고 2030년 병술월을 즈음하여 통일의 기운이 한반도 전역에 자라 잡게 됨을 예측했습니다.

그의 영험함은 율곡 이이의 《석담일기》, 이기의 《송와잡설》에서도 찾아볼 수 있으며, 조선왕조실록에도 그의 이름이 무려 4번이나 언급됩니다.

남사고가 예언을 펼칠 당시는 정치적·사회적 혼란이 극심했던 때입니다. 아마도 그는 나라의 어려움을 예측해 이를 극복하는 데 도움이 될까 싶어 이처럼 예언을 한 것으로 보입니다.

역사는 '과거를 만나고 현재를 대비하며 미래로 나아가게' 합니다. 그 때문에 더 많은 사람이 이 책을 읽을수록 우리의 미래를 준비할 수 있을 것입니다.

저자는 《격암유록》을 수십 년 동안 연구하면서 원문이 너무 어렵고 딱딱한 내용으로 돼 있는 것을 늘 아쉬워했습니다. 그러다가 최근, 더 많은 독자들이 이 책을 읽을 수 있기를 바라는 마음에 『쉽고 재미있게 풀어낸 격암유록』을 펴냈습니다.

격암 남사고가 당시 어려운 시대상을 극복하고자 많은 예언을 펼친 것처럼 쉽게 쓰인 이 책이 우리의 과거와 현재, 그리고 미래를 준비하는 데 큰 도움이 될 것으로 생각합니다.

좋은 책자 발간을 축하드립니다.

추천사

국회의원(4선의원)
이명수

　반세기가 넘는 분단 세월은 남북한의 언어와 생활풍속까지도 서로 다르게 만들어 버렸다. 어떤 사람들은 그 차이가 너무 커서 이제 통일은 불가능할 것이라고 이야기한다. 가장 심각한 문제는 남북한 모두 역사에 대한 공통된 인식을 잃어가면서 하나의 민족이라는 정체성을 상실하고 있다는 점이다.

　북한은 전체주의적 통치와 유물론적 이데올로기가, 남한은 물질만능주의가 각각 심각하게 민족 정체성을 훼손하고 있다. 그러나 한민족이 함께 살아온 5,000년 역사에 비해 70여 년 분단 세월은 아무것도 아니다. 단군의 건국신화에 등장하는 "널리 인간을 이롭게 한다"라는 홍익인간의 이념과 혹독한 고난의 역사를 통해 형성된 한민족의 정체성은 우리의 미래 운명과 분리해 생각할 수 없다.

　역사를 관통하고 있는 우리의 정체성은 아직 도달하지 못한 우리의 운명이 무엇인지 알려주고 있다. 한반도 통일은 바로 그 운명을 이루는 과정이다.

통일을 성공적으로 실현하기 위해서는 한국인의 인식 깊은 곳에 뜨겁게 잠재한, 그리고 한국인의 정체성의 본질인 그 핵심적 이상을 되살려야 한다.

통일은 우리 세대가 반드시 이뤄야 할 당면과제이다. 더 이상 미룰 수 없다. 한민족이 통일을 이루어 한반도가 하나가 된다면 국방, 경제, 문화 등 모든 면에서 세계 최강으로 자리 잡으며 선도국가가 될 것이다.

이미 500년 전 조선 중기에 우리의 선조 남사고 선생이 내다보신 오늘날 이 시대의 한반도 통일과 전 세계로 부상하게 될 것임을 상세하게 기록한 고서가 있으니 바로 《격암유록》이란 고서이다. 남사고 살아생전에 동인서인 분당, 문정왕후의 죽음을 정확하게 예언했다고 전해온다. 그 이후 임진왜란, 병자호란, 해방, 분단, 통일 등이 역사적으로 정확하게 맞아서 깜짝 놀라게 한다. 이 얼마나 경천동지한 일인가. 이 얼마나 감개무량한 일인가.

당시의 어려운 원문을 현직 교장이신 최정용 선생님이 직접 쉽고 재미있게 풀이하여 『격암유록』을 발간하게 되었다. 전 국민에게 새 희망과 함께 큰 희망을 불어넣어 주는 책이라고 생각한다. 감사합니다.

추천사

前 국방부 차관
신범철

남북관계의 정상화가 필요하다. 북한의 위협에 상응하는 억제력을 기반으로 주변 정세 조성과 대화 재개 노력을 통해 상황을 관리하고 풀어가야 한다.

현재 북한은 김정은 정권의 계산에 따라 핵 위협을 강화하는 쪽으로 정하고 있지만, 우리가 그들의 위협에 대응할 수 있는 충분한 힘을 갖춘다면 대화의 필요성을 느낄 것이다. 동시에 주변국을 활용하며 대화 분위기를 조성하고 남북관계를 둘러싼 다양한 상황을 관리할 수 있는 역량을 보여줘야 한다.

남북관계 정상화를 위해서는 대화가 필요하지만, 무조건적인 대화 재개는 답이 아니다. 남북대화 자체가 남북관계 정상화가 아니며, 제대로 된 대화가 남북관계 정상화에 기여한다는 점을 이해해야 한다.

따라서 끊어진 대북 소통 채널도 복권하면서 북한에 대한 지속적인 강압 추구와 취약점 공략을 통해 유리한 여건을 만들어야 한다. 유엔을 활용하거나 반서방 국가들과

연대하는 북한의 외교적 공세에 대응하여, 한국이 국제무대에서 한반도 문제를 주도할 수 있음을 보여줘야 한다.

450여 년 전 조선 13대 명종 때에 우리의 선조 남사고 선생(1509~1571)의 《격암유록(格菴遺錄)》이라는 예언서에 조선왕조 500년, 임진왜란, 병자호란, 경술국치, 36년 일제치하, 해방, 분단, 6 · 25전쟁과 정전, 한반도 통일 등이 예언되어 있고 그 원문이 서울 국립중앙도서관(古 1496-4)에 있다고 하니 신기한 내용이면서도 국민들에게 큰 소망을 주게 되어 기대된다.

기록에 의하면 대한민국의 미래가 밝게 잘 풀릴 것이고, 전 세계로 부상하게 될 것이며 한반도 통일과 함께 대한민국은 국방, 경제, 문화적으로 모든 면에서 세계를 선도하는 국가로 성장 발전한다고 예언되어 있다.

현실적으로도 국방을 더욱더 튼튼하게 유지하며 기대와 함께 큰 희망을 가져보려고 한다.

독자분들도 밝은 미래에 대한 소망을 가지시고, 모든 분께 현직 교장이신 최정용 선생님이 펴낸 『쉽고 재미있게 풀어낸 격암유록』을 권하는 바이다.

추천사

예비역대장, 前 1군사령관
김근태

평소 최정용 선생님의 학문적 열정과 성실하고 정직한 인품을 익히 알고 있는 차에 《격암유록》을 알기 쉽게 읽을 수 있도록 책을 발간한다기에 큰 기대를 갖고, 먼저 조선 중기 남사고의 《격암유록》을 읽게 되었습니다.

무엇보다도 40여 년간 군 생활을 해 온 본인으로서는 '통일'에 대한 예언을 보고 깜짝 놀라기도 하였으며 꼭 그렇게 되었으면 하는 소망을 가지게 되었습니다.

통일은 우리 민족의 염원이며 반드시 이루어져야 합니다. 북한 주민들은 독재자의 손에서 반드시 해방되어야 합니다. 입이 있어도 눈이 있어도 귀가 있어도 말하지 못하고, 제대로 보지 못하고, 제대로 들을 수 없는 북한 주민들을 위해 통일은 반드시 이루어져야 합니다.

그러한 기대와 희망을 주는 최정용 선생의 『쉽고 재미있게 풀어낸 격암유록』의 일독을 권합니다.

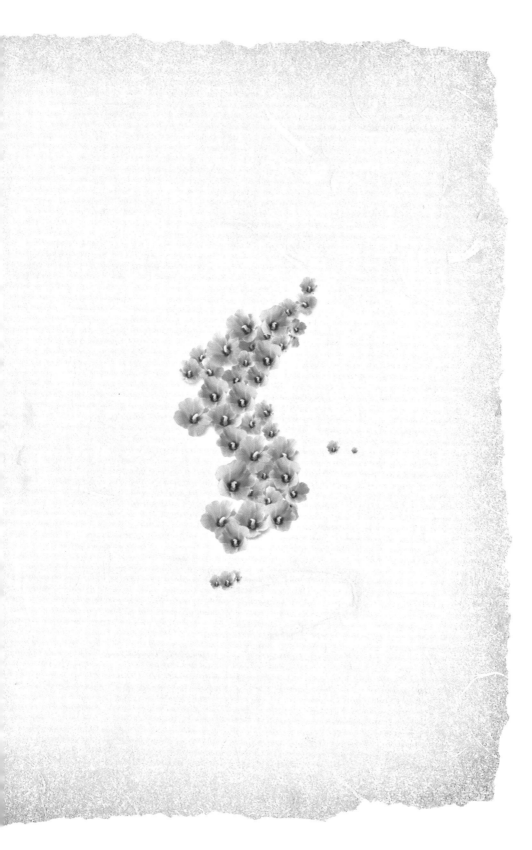

(사)세계북한연구센터 이
사장, 탈북 1호 박사
안찬일

희망과 신심으로 가득한 새해 2024년이 밝았다. 동토의 땅 북한에도 새해는 어김없이 찾아왔다.

그러나 암흑의 땅 북한 동포들의 희망과 신심은 우리 대한민국 국민들의 희망과 신념에 비해 초라할 수밖에 없다. 북한 정권의 새해 정책이 대단히 불투명하기 때문이다.

북한은 지난해 러시아에 100만 발 이상의 포탄을 판매하는 등 어느 정도 외화 고갈 탈출이 이루어지자 마치 기사회생하는 듯 기고만장하고 있다. 큰 나라에 기대 겨우 생존권에 매달려 있는 북한이 대한민국 안보에 제1의 적이 되고 있는 이 냉정한 현실을 우리는 직시해야 한다.

다가오는 4월 총선을 잘 치르고 대한민국의 안보를 더욱 공고히 하여 2024년을 자유민주주의 통일의 원년으로 맞이하자.

통일은 우리 세대에서 이뤄져야 하며 반드시 성취해야 할 목표다. 5천 년을 함께한 우리가 분단된 지 80년이 되어간다.

이제 한반도에도 거대한 통일의 기운이 다가오고 있음을

느낄 수 있다. 북한 내부 상황은 물론 국내외 환경도 이를 뒷받침하고 있다. 중국의 유명한 정치평론가 덩위원은 "북한은 이미 평화로 갈 수 있는 모든 가능성을 잃었다. 남은 것은 필연적인 붕괴뿐이다. 언제 무너지느냐는 시간문제"라고 강조했다.

저자를 통해 조선 중기의 한민족 비결서 《격암유록》에도 한반도 통일에 관한 기록이 있는 것을 보고 감동과 함께 많이 놀랐다. '이제 때가 되었구나!' 하는 느낌이 온다.

'한반도 통일'은 더 이상 우리 민족만의 문제가 아니다. 세계 경제에도 평화와 함께 새로운 성장동력이 될 중요한 이슈가 될 수 있음을 주변국들과 지구촌 80억 인류에게 알리고 설득하는 노력을 다해야 한다. 우리 국민들도 '통일 한국'을 위한 한마음, 한목소리는 물론 실천 가능한 행동에 적극적으로 나서야 한다.

통일은 마냥 기다린다고 오지 않는다. 같이 손잡고 같이 최선을 다해야 한다. 이러한 한반도 통일을 500년 전에 예견한 고서가 있으니 얼마나 놀라운 일인가. 남북한 8천만 전 국민의 희망서인 『쉽고 재미있게 풀어낸 격암유록』을 권하는 바이다.

서양의 노스트라다무스와 필적할 만한 남사고 선생의 《격암유록》을 최정용 교장선생님이 직접 우리말로 쉽게 번역한 책을 발간하게 되었음을 진심으로 축하합니다.

前 공주대학교사범대학
부설고등학교 교장

류인수

저자와 나는 2007년부터 2011년까지 공주대학교사범대학부설고등학교에서 4년간 같이 근무한 첫 인연으로 지금까지 친분을 유지하고 있다.

최정용 교장선생님은 봉사심과 친화력, 그리고 지도력이 뛰어난 교육자로서 교육 현장의 산적한 어려운 문제점들을 해결하고 조정하는 능력을 인정받고 있는 동료이기도 하다.

이러한 능력과 실력을 인정받아 한국중등교장협의회장직을 수행해 왔고 또한 공주대부설고 충청남도 지역 전체 총동창회장직을 맡아 모교의 발전 및 동문의 친목과 유대를 강화하는 데 선도적 역할을 하고 있다.

그동안 남사고 선생의 《격암유록》은 역리 사상에 기본

을 둔 놀라운 예언서로서 지금까지 일반인이 쉽게 접할 수 없는 난해한 한문 책자였기 때문에 남사고 선생의 사상을 이해하는 데 한계가 있었다.

이러한 문제점을 해결하고자 이번에 최정용 교장선생님이 의지를 갖고 일반인이 쉽게 이해할 수 있도록 어려운 한자 문장을 쉬운 우리말로 번역한 책자를 발간하게 되었다. 매우 뜻깊은 일이 아닐 수 없으며 그 노고에 박수를 보내고 싶다.

끝으로 이 책 『쉽고 재미있게 풀어낸 격암유록』이 모든 사람에게 현재를 준비하고 미래를 열어가는 데 넓은 지혜와 예리한 통찰력을 키울 수 있는 값진 복음서로서의 자산이 될 수 있기를 기대해 본다.

다시 한번 최정용 교장선생님의 값진 책 발간을 축하합니다.

호연지기를 품고 이곳 유라시아 대륙 중앙아시아에 닻을 내려 살아온 지도 어언 34년 세월이 흘렀다. 이 중앙아시아 스텝 초원은 내 영혼의 고향이자 내 젊음과 열정을 바쳐 온 내 삶의 중요한 부분이다. 이 사막과 초원을 말달렸던 실크로드 영웅들의 호탕한 웃음소리가

중앙아시아
유라시아대학교 총장
장금주

늘 나를 도전하게 하였고 우리 조국의 미래 영향력을 동서 남북으로 확대해 나가야 하는 꿈을 꾸며 한반도의 협소함을 안타까워했다.

작년(2023년) 10월에 국제학술대회 참석차 한국에 나갔다가 우연히 지인의 소개로 이 책의 저자인 최정용 교장을 만났다. 그를 통해 알게 된《격암유록》은 실로 놀라움 그 자체였다.

조선시대 중기 남사고 선생에 의해 쓰인 예언서이면서 비결서를 접하게 되었는데 그 내용이 서양의 예언가 노스트라다무스와 필적할 만한 내용으로서 신비하고 오묘한 철학이 담겨 있음을 느낄 수 있었다.

지금까지 이런저런 일로 90여 개국에서 심포지엄, 포럼,

세미나 등에 참석하면서 세계 곳곳의 많은 사람들을 만나 많은 것을 배우고 교류하며 느낀 점을 생각하면 참으로 이 지구상엔 다양한 문화가 존재하고 있음에 놀랄 때가 많았는데, 이 《격암유록》은 지구상에 몇 안 되는 특별한 케이스라 생각된다.

모쪼록 머지않은 장래에 한반도 평화통일이 이루어져 남북으로 양분된 우리 민족이 하나가 되어 미래 세계에 우뚝 서서 세상을 선도하게 된다고 하는 밝고 희망적인 내용이 있으니, 생각만 해도 꿈만 같고 가슴이 벅차올라 마음이 설렌다.

오랜 집념과 전문성으로 각고의 노력 끝에 해석 작업을 마치고 출판하게 되는 저자 최정용 선생의 노고에 진심으로 고개 숙여 찬하드리며, 이 책이 발간되어 많은 분들이 특히 대한민국을 짊어지고 나아갈 젊은이들이 조국의 미래를 생각하며 일독한다면 진로에 많은 도움이 되리라 확신한다.

독자 여러분께서 직접 원문과 함께 읽어보시고 느껴보시길 적극적으로 권장하며 다시 한번 『쉽고 재미있게 풀어낸 격암유록』의 출간을 진심으로 축하드린다.

목 차

제 01 부

동양의 노스트라다무스
남사고는 누구인가?

남사고 생평

- 동양의 노스트라다무스 '남사고(南師古)'는 누구인가?

남사고는 조선 중기의 13대 명종 때의 학자이며 본관은 영양(英陽)이며 경북 울진 사람이다. 『대학(大學)』의 '격물치지(格物致知)'에서 깨달은 바가 있어 호(號)를 격암(格菴)이라 하였다. 종9품에 해당하는 참봉벼슬로 천문학 교수로서 어렸을 적에 신인(神人)을 만나 비결을 받았고 풍수, 천문에 능통했다고 전해진다.

그는 조선 중종 4년(1509) 울진군 금남면 수곡리에서 남희백(이조좌상)의 외아들로 태어났다. 어릴 때부터 독서하기를 좋아하였고 확고한 뜻을 세워 학문이나 재물을 쉽게 또는 구차하게 얻는 것을 생각조차 하지 않을 정도로 절제된 자세를 견지하였으며, 그는 유학자로서 평생 『소학(小學)』을 책상 위에 두고 보면서 실천하도록 노력하였다.

어느 날 남사고는 공부하기 위해 자주 찾은 불영사에서 한 도인(道人)과 만나게 되었다. '남사고가 앞으로 큰 인물이 될 것'이라고 예측한 도인은 그에게 하늘의 비밀이 담긴 비책(祕策)을 전수해 주었고, 이후 남사고는 끈질긴 연구심과 궁리심으로 전심전력으로 공부하여 중년에는 **역학 · 천문 · 풍수** 등 모든 학문에 두루 통달하게 되었다.

남사고는 『주역』을 깊이 연구하여 수많은 예언을 적중시킨 것으로도 유명한데, 특히 살아생전에도 임진왜란 발생, 문정왕후의 죽음, 남명 조식의 죽음, 선조의 즉위, 동서분당 등의 예언이 적중하였다고 전해져 사후에 더 큰 명성을 얻었다.

그는 명종 19년(1564)을 전후한 시점에 효렴(孝廉)으로 조정에 처음으로 천거되어 사직참봉(社稷參奉)에 제수되었으며, 말년에 관상감(觀象監) 천문교수(天文敎授)를 역임하였다.

남사고는 조선 최고의 예언가로 풍수지리에 많은 일화를 남겨 그의 이름으로 된 도참서인 『남사고비결(南師古祕訣)』과 『남격암십승지론(南格菴十勝地論)』이 『정감록(鄭鑑錄)』에 전해지고 있으며, 그의 예언이 너무 정확하여 후세 사람들이 그를 '해동강절(海東康節)'이라 불렀다.

그의 예언서로 전하는 『격암유록(格菴遺錄)』은 자손들에 의하여 보관되다가 일부는 해방 후에 연활자본으로 간행되었고, 일부는 필사본으로 1977년 공개되어 국립중앙도서관(古1496-4)과 서울대학교 규장각(奎12375)에 보관되어 있다.

국립중앙도서관 소장 『格菴遺錄』(古1496-4)　　　서울대학교 규장각 소장 「南師古秘訣」(奎12375)

　　몇몇 역사학자들은 『격암유록』의 원본이 발굴되지 않았고, 일부 성경 내용과 일본식 한자 등이 적혀 있음을 예로 들어 위서(僞書)라고 말하고 있으나, 『격암유록』을 단순히 위서라고 치부하기에는 500년이 지난 현재도 믿을 수 없을 만큼 정확하게 맞아떨어진 역사적 사실들이 많다.

울진군 근남면 수곡리에 조성된 격암 남사고 유적지
(출차:영남일보)

　　그러므로 본서에서는 철저하게 『격암유록』 원문 전체(117쪽)를 소장하고 있는 국립중앙도서관의 『격암유록』(고서목록 古1496-4号)의 원문을 기준으로, 독자 여러분이 이해하기 쉽게 객관적·학문적으로 해석해 놓았음을 밝히는 바이다.

격암유록신해설 개정합본
저자 박명하 출판 해인
발행 2023.05.08.

정감록과 격암유록
저자 김탁 출판 민속원
발행 2021.10.30.

격암유록 신해설(하)
저자 박명하 출판 해인
발행 2021.02.22.

격암유록 신해설(상)
저자 박명하 출판 해인
발행 2020.12.16.

이십팔전(상)

저자 **나원모**   출판 **생각나눔**

발행 2019.05.07.

이십팔전(하)

저자 **나원모**   출판 **생각나눔**

발행 2019.05.07.

격암유록과 다니엘 예언

저자 **낮은음표**   출판 **미디어북**

발행 2018.11.03.

격암유록(동양의 성서)

저자 **김영교**   출판 **고글**

발행 2017.02.10.

격암유록의 올바른 풀이

저자 **진양**　출판 **계룡문화사**

발행 2015.10.30.

격암유록

저자 **윤기묘자**　출판 **정도**

발행 2014.10.15.

신 격암유록(후편)

저자 **강덕영**　출판 **동방인**

발행 2014.01.30.

격암유록(마지막 해역서)

저자 **무공**　출판 **좋은땅**

발행 2013.08.24.

격암유록(마지막 해역서)

저자 무공 출판 좋은땅

발행 2013.08.24.

격암유록은 가짜…

저자 김하원 출판 민중출판사

발행 2013.08.07.

격암유록(상)

저자 해동 출판 좋은땅

발행 2012.12.06.

격암유록(하)

저자 해동 출판 좋은땅

발행 2012.12.06.

격암유록 (동양의 성서)

저자 김영교 출판 고글

발행 2012.08.15.

격암유록 해설서

저자 김귀달 출판 민중출판사

발행 2012.05.25.

격암유록의 주인공 속편

저자 창조주님 출판 민중출판사

발행 2011.03.31.

격암유록(상)

저자 김귀달 출판 민중출판사

발행 2011.03.31.

격암유록(하)

저자 김귀달   출판 민중출판사

발행 2011.03.31.

주역과 격암유록

저자 이완교   출판 아름다운…

발행 2008.12.08.

신 격암유록(후편)

저자 유성만   출판 한솜미디어

발행 2005.10.25.

격암유록(신비의 예언서)

저자 추송학   출판 생활문화사

발행 2003.09.23.

남사고 선생 당시의
적중한 예언과 고증

선조 때 천문 교수를 역임한 남사고는 63세에 죽기까지 수많은 예언과 일화를 남겨 우리나라의 전설에 자주 등장하는 인물 중 한 명이다.

그는 전설이나 설화뿐 아니라 『조선왕조실록』(영조실록 35권 2번 기록)에도 등장하는데, 임금과 신하들의 대화 속에서 '남사고'의 이름을 찾아볼 수 있다.

영조 9년(1733)에 적발된 '정감록' 사건엔 '남사고비결'이 등장한다. "무신년에는 피가 흘러 내(川)를 이룬다" 등 흉흉한 내용이 나와 있었다. 마침 영조 4년(1728) 무신년에 대규모 반란이 일어나 남부지방을 휩쓸었던 터여서 조정은 이 '비결'의 등장에 경악했다.

이외에도 『지봉유설』, 『연려실기술』 등의 고서에도 임진왜란을 예언한 일과 남사고의 예언들이 모두 적중하였다는 내용이 나온다.

1) 영조실록 35권, 영조 9년(1733년) 8월 18일

태진이 "내가 명산을 두루 유람할 때 한 도승이 비기(祕記)를 보여준 일이 있었으니, 곧 남사고의 참서(讖書)다"라고 하였고…

무신년에 대해 기록한 것에는 "피가 흘러 내를 이루고 길이 막히고 민호에 연기가 끊긴다"라는 글귀가 있었는데…

「영종대왕실록」은 영조 재위 기간의 실록이다. 줄여서 「영종실록」 또는 「영조실록」이라고도 한다. (사진:네이버 지식백과)

2) 영조실록 35권, 영조 9년(1733년) 8월 26일

임금이 말하기를, "국정 죄수 태진의 초사가 자백한 것에 가깝다. 그가 이른바 남사고란 자는 어떠한 사람인가" 하니,

윤순이 말하기를 "곧 명종조 때 사람으로서 천문 지리에 모두 통달했다고 고금에 이름이 나서 이인(異人:재주가 비범하고 신통한 사람)으로 일컫고 있습니다" 하고,

도제조 서명규는 말하기를, "남사고의 비기(祕記)가 세상에 전해지고 행해지자, 세상 사람들이 말을 덧붙이고 부회(附會:끌어다 붙여 유리하게 해

석)하여 와전(訛傳:사실과 다르게 전함)된 것이 많습니다."

3) 동서분당(1575) · 임진왜란(1592) 예언

남사고는 조선 13대 명종 시기 사람으로 관동(關東)에 살았다. 그는 풍
수와 천문 · 복서(점)를 잘 알아 모두 전해지지 않는 비결을 얻었으므로 말
하면 반드시 맞았다. 명종 말년 서울에 살면서 판서 권극례와 친했다. 그가
일찍이 말하기를 "오래지 않아 조정이 반드시 분당될 것이며, 또 오래지 않
아 반드시 왜변이 있을 것인데, 만일 진년(辰年)에 일어난다면 그래도 구할
수 있지만 사년(巳年)에 일어난다면 구할 수 없을 것"이라 했다. 조정이 을
해년 이래 의론이 두 갈래로 갈라지기 시작해 지금까지 거의 50년이 됐지만
그치지 않으며, 왜병의 침입은 임진년(壬辰年)에 시작됐다. 우리나라에도 이
러한 사람이 있었으니 기이한 일이다.

　－『대동야승(大東野乘)』 중 신흠의 「상촌잡록」

> • 동서분당(東西分黨) : 1575년(선조 8)에 조선 사림
> (士林)이 동서(東西)로 분열한 사건 [남사고가 사(死)후
> 4년 뒤 발생]

> • 임진왜란(壬辰倭亂) : 1592년 전국 시대가 끝난 도요
> 토미 정권 치하의 일본이 조선을 침략하면서 발발하여 1598
> 년까지 이어진 전쟁 [남사고가 사(死)후 23년 뒤 발생]

남사고는 조선 13대 명종 말기에 이미 1575년(선조 8)의 동서분당을 예언하였고, "1592년(임진년)에 백마를 탄 사람이 남쪽으로부터 나라를 침범하리라" 하였는데 실제로 왜장 가토 기요마사(加藤淸正)가 백마를 타고 쳐들어왔다.

4) 문정왕후의 죽음 예언

"내년에는 태산(泰山)을 봉하게 되리라." - 명종 19년(1564)

> • 문정왕후(1501~1565) : 조선의 제11대왕 중종(中宗)
> 의 제2계비(繼妃:임금이 다시 장가를 가서 얻은 아내)이자
> 조선의 제13대왕 명종의 어머니

명종 19년 중종의 계비 문정왕후가 자기의 소생인 명종을 왕위에 앉혀놓고 자의로 국정을 움직여서 많은 폐단을 자아내며 건강한 몸으로 있을 때, 남사고는 문정왕후가 쉬 죽을 것을 예언했다. 정말로 그의 예언대로 이듬해 한강에서 크고 괴상한 물고기가 잡히는 해괴한 사건이 터지고, 3일 있다가 문정왕후가 죽어 태릉에 장사 지냈다고 한다.

5) 선조의 즉위 예언

"지금 사직동을 둘러보니 왕기(王氣)가 서려 있어 거기서 임금이 나올 것이다."
> • 선조(1552~1608) : 조선의 제14대 왕. 재위 기간은
> 1567~1608년이며, 명종이 후사 없이 죽자 즉위했다.

남사고의 예언처럼 명종은 후손 없이 사망하고, 사직동에 살던 어린 나이의 선조가 뜻밖에 대통을 이어 1567년 등극함으로써 적중했다.

6) 자신의 죽음 예언

남사고의 천문 교수 임기가 끝나갈 무렵이었다.

하늘에는 태사성(太史星·천문 담당 벼슬을 상징하는 별)이 희미해지고 있었다. 이 현상을 목격한 남사고의 상관은 자기가 세상 떠날 날이 되었다고 지레짐작해, 동료들을 모아놓고 작별 인사를 고했다.

그러자 남사고는 크게 웃으며 "죽을 사람은 따로 있다"라고 말했다. 며칠 뒤 남사고는 태연한 표정으로 세상을 떠났다.

자신의 명운이 다했다는 그의 예언처럼, 조정을 사직한 다음 해인 1571년(선조 4)에 남사고는 향년 63세로 세상을 마감했다.

이 밖에도 남사고는 정여립의 난(1589), 남명 조식의 죽음(1572), 풍신수길의 탄생(1537), 광해군 세자책봉(1592) 등을 정확히 예언한 바 있다.

울진군 근남면 구산4리 신봉산 기슭에 있는 격암 남사고의 묘.
(출처:영남일보)

3

노스트라다무스 예언과
남사고 예언 비교

	노스트라다무스	남사고
생평	(1503~1566년) 노스트라다무스는 프랑스의 천문학자, 의사, 예언가이다. 그는 의사로 일했으나 미래를 예측하는 능력으로 유명했다. 그가 남긴 예언서의 내용은 난해하여 다양한 해석이 존재하나, 여러 가지 예언 적중으로 세간의 화제가 되었다.	(1509~1571년) 격암 남사고는 조선 중기의 학자이자 도사(道士)다. 일찍이 이인(異人)을 만나 공부하다가 진결(眞訣)을 얻어 비술(祕術)에 정통하게 되었고, 앞일을 정확하게 예언하여 '동양의 노스트라다무스'라 불린다.
국가	프랑스	한국

42 | 쉽고 재미있게 풀어낸 격암유록

노스트라다무스	남사고
『예언집(Les Prophéties)』	『격암유록(格菴遺錄)』
운을 맞춘 4행시를 백 편 단위로 모은 예언서	조선시대 13대 명종 당시 남사고의 예언서
1) 런던 대화재 예언	1) 임진왜란, 병자호란 예언
2) 프랑스혁명 예언	2) 이조멸망, 경술국치 예언

(표 왼쪽 행 구분: 예언서 / 예언 적중)

노스트라다무스	남사고
3) 히틀러 등장 예언 	3) 해방, 분단 예언
4) 제2차 세계대전* 예언 	4) 6 · 25전쟁, 정전 예언
5) 루이 파스퇴르 예언 	5) 판문점, 38선, 통일 예언
6) 핵무기** 등장 예언 	6) 전화, 기차, 비행기 예언

(첫 번째 열 왼쪽: 예언 적중)

	노스트라다무스	남사고
예언 적중	7) 케네디 암살*** 예언 8) 911테러**** 예언 	7) 이승만 12년 집권 예언 8) 코로나 발생 예언 9) 신군부 등장 예언 (서울의 봄 : 말초가) (전두환 등장, 부마사태, 김종필 축출, 삼청교육대, 군정착란, 전국데모) 예언

〈참조〉 노스트라다무스의 주요 예언과 해석

　세계적인 대예언가 노스트라다무스는 총 12권, 975편의 사행시를 남겼다. 그의 예언서에 기록된 예언 중 이미 실현된 것으로 간주되는 몇 가지를 정리해 본다.

　(격암 남사고의 주요 예언과 해석은 본서 제Ⅱ부에서 상세히 다룰 것이다.)

* 제2차 세계대전 예언

"하늘에서 내려오는 전쟁은 / 1941년에 일어난다."

예언 연구가들 대부분이 노스트라다무스가 친구에게 보낸 편지글에 나오는 '하늘에서 내려오는 전쟁'이 바로 2차대전을 뜻하는 것이라고 풀이하고 있다. 그 이유는 하늘에서 내려오는 것을 비행기로 해석하면 1941년 2차 세계대전 당시 인류 역사상 최초의 공중전이 벌어졌던 것과 맞물려 들어가기 때문이다.

** 핵무기 등장 예언 (일본의 두 도시에 원자폭탄 투하하게 됨을 예언)

"동방의 입구에서 그리고 두 도시에서
일찍이 보지 못한 두 개의 재앙이 닥치리라.
철이 아닌 것에 강타당한 사람들이 기아와 전염병을 만나
불멸의 신에게 도움을 호소하리라"

이 사행시에서 '동방의 입구'는 일본을 의미하며, '두 도시의 두 개의 재앙'은 일본의 나가사키와 히로시마에 원자폭탄이 투하되는 것을 의미하며, 즉 2차 세계대전 당시 미국이 일본의 두 도시에 원자폭탄 두 개를 투하한 것을 상징적으로 표현한 것이라고 볼 수 있다.

*** 케네디 암살 예언

> "위대한 남자가 정오, 천둥에 맞아 쓰러진다.
> 사악한 행위는 탄원서를 가져온 사람에 의해 예고된다."

1960년대 초 텍사스주 댈러스는 동부 정치가에게 안전한 장소는 아니었다. 수일 전 UN 대사였던 안드레이 스티븐슨이 댈러스를 방문했다가 공격당한 일이 있었다. 그는 케네디에게 댈러스에 가지 말라는 '탄원서'에 서명한 사람 중 한 명이었다. 그러나 케네디는 1963년 11월 22일 '정오'에 댈러스를 방문하여 영부인과 함께 카퍼레이드 중 범인 오스왈드가 쏜 총, 즉 '천둥'에 맞아 사망했다.

**** 911테러 예언 (2001. 9. 11. (화) 발생, 약 3,000명 사망, 6,000명 부상)

> "몸은 둘 머리는 하나, 그리고 둘로 갈라진 벌판,
> 전대미문의 네 개에 응답하리라. 거대한 것에 비해 너무도
> 작은 것, 거대한 것에 피해를 안기리라. / 뾰족한 탑이 무너지
> 리라. 그리고 외수아(Eussouis)에 더 큰 피해를 안기리라."

테러리스트들에게 납치당한 '네 대의 비행기'에 의해 '뾰족한 탑' 즉 세계무역센터 빌딩이 무너져 내렸다. 이 '전대미문의' 사건이 미국인들에게 엄청난 충격을 준 것은 당연하다. 지금의 미국 USA를 프랑스어 발음으로 읽으면 '외수아'로 읽힌다.

한반도 밝은 미래 예언

우리나라뿐 아니라 세계적 미래학자들이 한국의 밝은 미래를 앞다투어 예언하고 있다.

이러한 예언들은 한국에서 우수한 문화와 철학이 나와 세계인들의 마음을 사로잡고, 한국의 문화가 세계로 수출되어 수많은 사람이 한국의 뛰어난 문화를 흠모하고 열광하게 된다는 내용으로 풀이해 볼 수 있다. 한마디로 물질문명의 시대가 종식되고 정신문명의 시대가 도래한다는 것이다.

현재, 온 세계를 사로잡고 있는 한류(K드라마, K반도체, K푸드, K스포츠, K뷰티, K패션, K게임 등)와 K-POP이 그 방증이다. 실제로 2000년대 이후 한국의 드라마와 영화, 한류스타 등의 한류가 세계 각국으로 수출되어 세계인의 마음을 정신없이 사로잡고 있지 않은가?

또한 2010년 전후해서는 BTS를 필두로 한국의 아이돌이 부른 K-POP이 세계 젊은이의 영혼을 사로잡고 있으며, 과거에는 한국을 잘 모르던 사람들도 K-POP과 K-POP 스타들에 열광하며 한국에 대한 존경과 흠모의 마음을 갖게 되었다.

더욱이 이러한 예언들이 대부분 한국의 미래 위상이 높아지고 부강해진다는 긍정적인 내용들이어서, 한국인의 한 사람으로서 자긍심을 느낄 수 있었다.

동아일보. 24. 3. 15. 금. A 20면

1) 격암유록의 한반도 밝은 미래 예언

"동방의 금수강산,

우리 조선에 천하의 새 기운이 돌아든다.

태고 이래 처음 있는 무궁한 도법이 꽃피니,

무궁화 동산 조선은 세계의 중심으로 화하고,

세계 모든 백성의 부모 나라가 되리라."

— 『격암유록』「말운가」중

오늘의 현실에서 볼 때, 세계의 역사가 한국에서 새 출발을 한다는 이 경이적인 소식이 허황된 소리로 들릴 수도 있다.

그러나 남사고는 『격암유록』 곳곳에서 미래의 새 문명 건설을 주도하는 조선의 역할에 대해 상세하게 전하고 있으며, 우리나라가 동양에서 제일가는 강대국이 될 것임을 예언하고 있다.

『격암유록』의 핵심은 역사적인 정확한 예언보다는 20세기 후반 대한민국이 전 세계로 부상해 정신적 문명을 리드하며, 전 세계가 한국으로 몰려들게 되어 있다는 것이다.

즉 대한민국이 최강대국, 경제적으로나 국방적으로나 모든 면에서 전 세계를 이끌 나라가 된다는 것이다.

또한 한민족으로서 자부심과 자긍심이 하늘을 찌를 것이며, 우선 남북통일이 평화적으로 이루어지고 아시아, 나아가 동서양을 하나로 묶어 평화로운 세계, 대동세계로 하나가 될 것이라는 예언이다.

2) 탄허 스님의 한반도 밝은 미래 예언

"대한민국 청년이 세계 문화를 주도할 것이다."
"한국이 세계를 선도하는 중심국이 될 것이다."

탄허 스님(1913~1983)은 대한민국의 승려로 본관은 경주, 법명은 택성(宅成:鐸聲), 법호는 탄허(呑虛), 속명(俗名)은 김금택(金金鐸)이다. 그는 고전과 역경에 능통하여 현대 한국 불교에서 '동양고전 연구'로 매우 유명한

고승이자, 세간에서는 '예언하는 승려'로 유명하다.

그런 그가 이미 50년 전 BTS의 등장을 예견한 듯, 한국 청년들이 세계 문화를 주도할 것이라 단언하였고, 유학과 주역에 능통하여 대한민국의 밝은 미래를 예언하였다. 박정희 대통령 등 역대 대통령들까지 탄허 스님에게 자문을 구했다고 한다.

3) 타고르의 한반도 밝은 미래 예언

"일찍이 아시아의 황금시기에 빛나던 등촉의 하나인 조선
그 등불 한번 다시 켜지는 날에 너는 동방의 밝은 등불이 되리라"

동아일보 1929년 4월 2일 기사

라빈드라나트 타고르(1861~1941)는 인도의 시인 겸 철학자이다. 노벨상

수상자이기도 한 타고르는 이미 1929년 동아일보에 기고한 그의 시에서 우리 민족의 밝은 미래를 예찬하였다.

4) 짐 데이토의 한반도 밝은 미래 예언

"50년 후 한국이 세계 리더가 될 것이다."

https://youtu.be/-zK1hqUqNM0?si=5TQ4KzPYmSol_bcT

앨빈 토플러와 더불어 금세기 최고의 미래학자로 손꼽히는 짐 데이토 교수. 그가 한국이 세계를 이끌어가는 리더국이 돼야 한다고 강조했다. 그는 한국은 이제 다른 나라를 따라가는 팔로워가 아니라 퍼스트 리더가 되어야 한다고 주장했다.

한국이 세계를 이끄는 리더국이 되어야 하는 이유는

첫째, 한국 정부 관리들은 옳은 일을 하려고 하고 리더들은 제대로 정책을 입안하려고 하는 노력들이 보였기 때문에 다른 나라와는 근본적으로 다르다는 것이다.

둘째, 영화 〈기생충〉 같은 경우도 아카데미상을 여러 부문에서 받은 것처럼 사람들이 좋아하는 음악, 드라마, 영화를 만들어 내는 것이 부유해지고 유명해질 수 있으며 문화적으로 세계 강대국이 될 것이라고 예측했다.

셋째, 코로나의 위기로 오히려 한국의 위상과 인지도가 세계적인 수준으로 올라갔다고 밝혔으며, 또한 표방하려는 많은 국가들이 나타나고 있다고 했다.

짐 데이토 교수는 "언제까지나 미국이 세계적 흐름을 주도할 수 없다는 것과 세계는 새로운 리더십을 원한다"라고 했다. 현재 중국과는 일하는 데 있어서 꺼리는 움직임이 나타나고 있지만 조선업에는 자동차, 과학기술 산업에 이르기까지 다양한 영역에서 기회의 문이 열리고 있는데 각국이 중국을 대신할 대안을 찾는 상황에서 한국은 꽤 괜찮은 선택지가 될 수 있다는 것이다.

5) 토마스 프레이의 한반도 밝은 미래 예언

"대한민국은 앞으로 무궁무진하게 성장을 할 것이며, 한반도는 향후 10년 안에 통일을 이룰 것이며, 더 나아가 중국까지 진출할 가능성이 높다."

구글이 세계 최고의 미래학자로 선정한 토마스 프레이 미국 다빈치 연구소 소장은 미래사회에 대한 깜짝 놀랄 만한 사회상을 제시하는 인물이다.

(출처:STB상생방송)

그는 과거 IBM 엔지니어로 재직하면서 270여 차례 이상 디자인과 기술 분야에서 수상을 하는 혁혁한 성과를 올린 인물로, 미래 예측에 대해 전문가라고 불리는 전설적인 존재이다.

6) 조지 프리드먼의 한반도 밝은 미래 예언

"2030년에는 한국이 세계 1위가 될 것이다."

조지 프리드먼 박사는 미국 코넬대 정치학 박사 출신으로 그가 1996년 설립한 싱크탱크 '스트랫포(Stratfor)'는 미 국방부를 포함해 각국 정부와 포천 500대 기업이 주 고객이다. 그가 온라인으로 제공하는 정보는 220만여 명의 유료회원이 접속해 보고 있다.

<u>20세기 말에 일어난 코소보전쟁을 정확하게 예측했다.</u> 이후 미 국방부는 '얼리 버드 (early bird)'라 불리는 조간 브리핑에 그가 제공하는 정보를 매일 포함시키고 있다. 그는 또 아시아 외환위기를 정확하게 예측했고, 세계경제포럼은 연례행사에서 스트랫포의 보고서를 공식 배포하기도 했다.

<u>조지 프리드먼 박사</u>는 2000년대 중반 지정학에 관한 중요한 보고서를 작성, 이후 <u>50년·100년 후의 세계를 예측하는 리포트로 국제적인 주목을 받은 바 있다.</u>

그는 <u>전 세계를 주름잡는 6개 국가의 2020년, 2030년대를 분석해 놓았</u>는데, 이 보고서에 나온 <u>총 6개 국가는 중국, 러시아, 미국, 일본, 한국, 터키</u>이다. 그중 조지 프리드먼 박사가 우리나라의 미래를 예측한 것을 살펴보면 다음과 같다.

조지 프리드먼 박사는 2030년에서 2040년 중국과 러시아의 극동지방에서의 힘의 공백에 의한 일본의 군국주의화 혹은 일본의 패권국가화는 결국 미국과 일본의 관계가 적대시될 것으로 일본의 위험성을 언급했다.

반면에 한국은 미국과 좋은 우방 관계가 될 것이고 미국은 결국 일본을 견제하기 위해 한국을 지원할 것으로 예측했다.

한국은 2020년대, 2030년대까지 통일된 한반도가 만들어질 것이며 이때 한국은 미국의 도움을 받아야 한다고 언급했다.

통일 후 한국의 인구는 7천만 인구 대국이 되어 일본에 뒤지지 않고 모든 분야에 있어서 일본을 위협할 수준까지 도달하게 될 것으로 언급했다.

무엇보다 중국의 힘의 공백에 의해 통일 한국이 이루어지게 되면 중국 동북 3성 만주 지방에 한국에게 큰 기회가 열리게 될 것으로 언급했다.

일각에선 조지 프리드먼의 해석에 대해 한국이 고구려, 발해 등의 옛 고토들을 회복한다는 의미로까지 보는 시각이 존재하며, 만주 지방 경제권이 통일 한국의 경제권에 편입될 가능성이 있을 것이라는 해석이 나오기도 한다.

세계적인 지정학자로 알려진 조지 프리드먼 박사. 대부분 그의 분석대로 세계 정세가 흘러가면서 한반도와 관련된 그의 분석을 눈여겨볼 필요가 있을 것이다.

7) 아널드 토인비의 한반도 밝은 미래 예언

"21세기엔 지구의 중심부 된다."

동아일보 1973년 1월 1일 기사

　"인류의 역사는 도전과 응전의 역사"라는 명언을 남긴 영국의 <u>세계적인 역</u>
<u>사학자 아널드 토인비</u>는 유구한 역사와 전통에 빛나는 대한민국의 건국이
<u>념인 '홍익인간'에 대해 깊은 관심을 표한 바 있다.</u> 곧 널리 두루두루 인간
을 이롭게 한다는 것과 세상을 다스림에 있어서 그 이치에 맞게 다스린다는
의미에 주목한 것이다.

그는 타계하기 2년 전인 1973년 1월 1일 동아일보와의 인터뷰에서 "21세기에 세계가 하나 되어 돌아가는 날이 온다면 그 중심은 동북아일 것이며 그 핵심 사상은 한국의 홍익인간 사상이 되어야 한다고 확신한다"라고 강조했다.

개개인이나 특정 집단만을 위한 것이 아닌 세계 만민에게 두루두루 이로운 평화로운 세상을 열기 위해 '홍익인간' 정신이 반드시 필요하다는 것이다.

8) 게오르규의 한반도 밝은 미래 예언

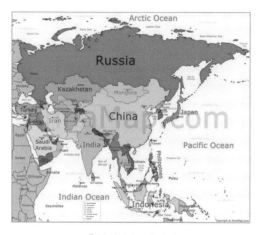

출처:제이에스 매거진

"세계의 모든 난제가 '열쇠의 나라' 한국에서 풀릴 것이다. 한국은 아시아의 보석이다."

"새로운 문명이 시작될 때 그 주역은 중국이 아닌 한국이 될 것이다."

C. V. 게오르규는 루마니아 출신으로 프랑스 정교회 사제이자 세계적인 작가이다. 1949년 『25시』라는 장편소설을 간행하여 노벨문학상을 수상하

고 세계적인 명성을 얻었다.

그는 한국을 '열쇠의 나라'라고 정의하였다. <u>절망에서 인간을 구원할 '열쇠의 나라'가 한국이라는 것</u>이다. 그의 말에 의하면 지도를 펴놓고 유심히 살펴보면 한국은 열쇠처럼 생겼는데 한국은 아시아와 러시아, 유럽이 시작되는 태평양의 열쇠라고 말하였다. 실제 지도상에서 한국은 아시아, 유럽, 아프리카가 연륙된 이 세상에서 가장 큰 대륙이 시작되는 위치에 열쇠처럼 걸려있다.

또한 <u>게오르규</u>는 물질문명의 한계에 달하는 절망의 시간이 24시라면 <u>25시는 새로운 문명이 시작되는 시간이라며, 새로운 문명이 시작될 때 그 주역은 중국이 아닌 '한국'이 될 것이라고 주장했다. 그러면서 홍익인간이라는 단군의 통치 이념은 지구상에서 가장 위대하고 완벽한 규범이라고 말한 바 있다.</u>

한반도 통일 예언

인터넷을 검색하다 보면 요즘 들어 한국통일에 대한 예언들을 쉽게 접할 수 있다. 그만큼 통일에 대한 열망과 관심이 최고조에 달했기 때문이다.

누구도 미래가 어떻게 펼쳐질지 알 순 없다. 그러나 세계 유일의 분단국가에서 살고 있는 우리 민족만큼은 남북통일의 그날이 얼마나 가까운 미래에 올지 기대하며, 그 순간을 맞을 준비를 차분히 해 나가면 될 것이다.

물론 이 예언들이 맞을지 안 맞을지 판단하는 것은 순전히 독자 여러분의 몫이다.

통일의 시기를 예언한 격암 남사고의 책 격암유록 | 격암 남...

조회수 65만회 · 1년 전

※ 참조 https://youtu.be/6WRXv5uoYVk?si=8B18jql78Z14R6N0

※ 남북통일 예언 인기 유튜브 모음

2025년 9월 남북통일(?)이 된
다/격암유록/정감록/주역/...

조회수 129만회 · 3년 전

https://youtu.be/Y52gFIAl8ew?si=2w8_
HlJ1KKnhyP82

"통일은 이때 이루어진다!" 대한민국 통
일에 대한 예언들 | 미스터리 한국 예언

조회수 72만회 · 1년 전

https://youtu.be/D_
O6vN2OKvA?si=rJGEpBgXYDT2DLUF

탄허스님의 미래 대
예언ㄷㄷ 한반도 ...

조회수 2.1만회

https://www.youtube.com/shorts/jsMfzy_6-
Do?feature=share

충격! 2025년 중국이 대만 침공하고 미국과 전쟁
(戰爭) 발생한 후 남북한이 통일(統一)이 된다...

조회수 4.6만회 · 6개월 전

https://youtu.be/I_
ANsfDfsbU?si=TsZW10dZApODVy53

#남북통일시기#천공스승님 #
정법10725 #shorts

조회수 1만회

https://youtube.com/shorts/
xLNfKPnQxs8?si=tuLrVKcBxaKVTEmY

2025년 가을에 통일합니다

조회수 13만회

https://youtube.com/shorts/
R5AFmEGp8JQ?si=WzhXMjKlpJ1tALl1

[ENG] 명리공부 10년차에 깊
은 최면속 수호신이 '사기치...

조회수 19만회 · 4개월 전

https://youtu.be/TER-igT6R9I?si=9kHBmB_
Xd77SFFbM

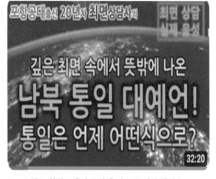

[ENG] 깊은 최면속에서 뜻밖에 남북 통일의 과정을 보
다? 긴장오 정궈에 므스일이? 통일 후 분하이 놀라운

조회수 102만회 · 2년 전

https://youtu.be/xc7ukh05jmc?si=SbX0issug3-
RnSRU

1) 존 티토의 한반도 통일 예언

"2036년 일본은 한국의 식민지"

존 티토가 만든 2036년 한반도 지도

20여 년 전 미국의 한 TV 방송에서 미래에서 왔다고 하는 존 티토라는 사람이 2036년 한반도를 비롯한 동북아시아의 주변 지도를 그려 사람들에게 큰 반향을 불러일으킨 적이 있다.

이 지도상에는 이미 남북이 통일되어 있고, 한반도를 비롯해 연해주, 만주 그리고 중국 해안선까지 COREA(한국)라고 표시돼 있고, 일본은 한국의 식민지(Colony of Corea)로 나타나 있다.

존 티토가 이 지도를 만든 때만 해도 먼 미래 얘기였지만, 지금은 13년밖에 남지 않았기 때문에 과연 이 지도대로 이루어질지 무척 궁금하다.

2) 천공 선생의 한반도 통일 예언

"2025년 가을에 통일한다."

미래를 예견하는 재야의 고수 예언가로 알려진 천공 선생이 2025년 가을 한반도의 평화통일을 예언하였는데, 단순히 예언만 한 것이 아니라, 자신의 예언이 이루어지기 위한 방법론까지 구체적으로 제시해 관심을 낳고 있다.

천공 선생은 2021년 한 월간지(MECONOMY 3월호)와의 인터뷰에서 "한국과 유엔의 역사는 귀중한 인류의 평화 발자취라고 생각한다"며 "이것을 유네스코에 '인류평화 문화유산'으로 등재하는 것과 동시에 한반도에 핵무기를 포함해 모든 재래식 무기를 없애는 '인류평화지대'로 지정하자"고 주장했다.

남한과 북한이 핵무기뿐만 아니라 모든 재래식 무기도 폐기하여 '인류평화 문화유산'에 걸맞게 한반도를 평화지대로 명실공히 선포하는 방식이 되면, 주변 강대국의 힘이 아니라 우리 민족의 힘으로 통일을 이룰 수 있다는 것이다.

그는 통일의 시기에 대해 "2025년 가을이면 통일이 될 것으로 본다"면서 우리나라 현대사가 인류평화 문화유산으로 유네스코에 등재되고, 남북이 한반도를 인류평화지대로 선포하고 남북 합의 하에 통일을 한다면, 전 세계에서 우리나라에 관광을 엄청나게 올 것이기 때문에 경제문제를 걱정하지 않아도 된다고 했다. 그때는 세계 관광객들을 맞이하기 위해 비무장지대를 개방하고, 휴전선에 평화공원을 만들어야 한다고 제안했다. 통일한국은 세계에서 가장 안전한 평화지대가 되므로 국제 금융기관들이 우리나라에 들어올 것으로 내다봤다.

천공 선생은 "한반도가 통일되면 우리만 잘살면 안 된다"며 "우리 민족은 세계 평화와 기아 문제를 해결하기 위해 일을 해야 한다"라고 강조했다. 우리 민족의 '홍익인간' 정신을 설파한 것이다.

3) 탄허 스님의 한반도 통일 예언

"월악산 영봉 위에 달이 뜨고 이 달빛이 물에 비치고 나면

30년쯤 후에는 여자 임금이 나타난다.

여자 임금이 나오고 3~4년 있다가 통일이 된다."

월악산 영봉   청풍호

정역, 주역의 대가로 알려져 있으며, 주역을 독자적으로 풀이하여 많은 미래의 일들을 예언해 낸 탄허 스님은 과연 언제를 통일의 해로 봤을까?

탄허 스님의 통일 예언은 1970년대에 이루어졌는데, 그 당시에는 황당하게만 여겨졌다. 왜냐하면 월악산 주변에는 산봉우리와 달빛이 비칠 만한 큰 호수가 없었기 때문이다. 하지만 놀랍게도 70년대 후반 댐 공사가 시작돼 1983년에 충주댐이 완성되면서 월악산 봉우리에 뜬 달이 물에 비치게 되었다.

이로부터 정확히 30년 후인 2013년에 박근혜 대통령이 당선되는 것으로 여자 임금이 나오게 된다.

그러나 이 예언은 이루어지지 않았는데, 이는 해석을 잘못한 것이었다. 즉 삼에서 사년(3~4년)이 아니라 삼사(三四)년으로 한자의 숫자 표기법인 이팔청춘처럼 두 숫자를 곱해야 한다는 것이다. 그러면 12년이 되는데, 2013년에서 12년 후면 2025년이 된다. 놀랍게도 『격암유록』의 통일 시기와도 맞아떨어진다.

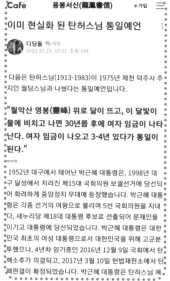

4) 격암유록의 한반도 통일 예언

> "통합지년하시(統合之年何時)
> 용사적구희월아(龍蛇赤狗喜月也)
> 백의민족(白衣民族) 생지년(生之年)"
> – 『격암유록』「말운론(末運論)」

우리나라가 남북통일 되는 해는 언제인가?
용사(龍蛇)년 적구(赤狗)월이다.
그때는 백의민족이 살아나는 해이다.

두 번째 줄 용사(龍蛇)는 진사년(辰巳)을 뜻하며, 적구(赤狗)는 병술(丙戌月) 음력 9월을 뜻하므로, 병술월이 들어있는 해가 진사년이라면 경진년(庚辰年)인 2000년과 을사년(乙巳年)인 2025년에 해당된다.

십간(十干)은 '갑을병정무기경신임계'의 기둥(柱)이다. 십이지(十二支)는 '자축인묘진사오미신유술해'의 가지(枝)이다. 10기둥과 12가지를 순서대로 짝 맞추어 갑자(甲子), 을축(乙丑), 병인(丙寅)… 식으로 엮어 간다.

그런데 10간과 12지를 짝 맞추려니 엇박자가 된다. 갑자가 다시 돌아오기까지 60년이 흐르는데 그래서 회갑(출생 해와 같은 해가 돌아옴)이라고 한다.

이 이치를 이해하면 <u>용사(龍蛇)=진사(辰巳), 적구(赤狗)=병술(丙戌)임을</u>
<u>알 수 있다.</u> 그런데 진사(辰巳)라는 해는 없다. 진년과 사년이라는 뜻이다.

2023년 이후 辰과 巳가 들어있는 해는 2024 갑진년, 2025 을사년, 2036
병진년, 2037 정사년, 2048 무진년, 2049 기사년, 2060 경진년…이 된다.

<u>병술월은 60개월에 한 번, 즉 5년에 한 번씩 돌아온다.</u>

병술월이 들어있는 해는 2025년, 2030년, 2035년, 2040년, 2045년, 2050
년, 2055년, 2060년…이다.

위의 진년과 사년 중에 병술월이 들어있는 해는 2025년과 2060년이다.

필자의 생각으로는 2025년에 1차로 통일되고 2030년에 완전 통일을 이룰
것으로 보고 있다.

5) 정유결의 한반도 통일 예언

> "을사년(乙巳年)인 2025년 음 9월에 통일의 기운이 정점에
> 이른다고 본다."

우리나라 도참서 중 하나인 『정유결(鄭楡訣)』에서도 을사년(乙巳年)인
2025년 음 9월 30일에 통일이 된다고 예언되어 있다.

이는 『격암유록』과 일치하는 것이다. 즉 우리나라가 통일되는 첫 번째 시
기가 2000년 음 9월에 해당되었으나, 이때 이루어지지 않으면 <u>2025년 음 9</u>
<u>월에 통일의 기운이 정점에 이른다는 뜻으로</u> 해석하고 있다.

6) 태모님의 한반도 통일 예언 (증산도 道典 11:263)
1935(1944)

1 태모님께서 여러 성도들에게 말씀하시기를 "앞으로 천지개벽을 한다" 하시고

2 "이 뒤에 상씨름판이 넘어오리니 그때는 삼팔선이 무너질 것이요, 살 사람이 별로 없으리라" 하시니라.

3 또 말씀하시기를 "장차 바다가 육지 되고, 육지가 바다 되는 세상을 당하리라.

증산도에서 말하는 '상씨름판'이란 상투를 튼 어른들의 씨름판을 말한다. 증산도의 상제님은 공사 보실 당시 우리나라 실정이 어른들은 상투를 틀었다. 바로 6·25동란이 남쪽 상투쟁이와 북쪽 상투쟁이가 붙은 상씨름판이다. 8·15해방 후에 삼팔선이 갈라져서 두 쪽이 난 다음에 같은 조선인 상투쟁이끼리 싸움이 벌어진 6·25동란이 바로 동족상쟁(同族相爭)의 상씨름인 것이다.

"장차 바다가 육지 되고 육지가 바다 되는 세상을 당하리라"는 태모님 말씀처럼, 지축이 정립하면서 육지가 물속으로 들어가기도 하고 거대한 땅이 솟아오르기도 한다. 한반도 주변은 서해(황해)와 남해 쪽 땅이 솟아올라 중국대륙과 연결되는 것이다.

* 출전 : 개벽 (다이제스트), 안경전 지음

7) 남북통일과 후천개벽 (증산도 道典 5:391)

1 하루는 밤중에 약방에서 '삼십육만신(三十六萬神)'이라 쓰시고 또
   운장주를 쓰시어 성도들로 하여금 "700번씩 외우라"하시며
2 말씀하시기를 "이게 국가(國家)에나 사가(私家)에나 화둔을 하였는데
3 날마다 바람이 불다가 그치고 학담으로 넘어가니 사람이 많이 상할까
   하여 그리하노라"하시니라.

위의 글을 통해 후천개벽의 세계 통일시대를 열어주신 상제님의 의도를
확연히 알 수 있다. 장차 병든 세계를 개벽하는 주체민족으로서 '사가에나
국가에나 불을 묻었다'는 말씀이 의미하듯 '파국을 피할 수 있는 국운'을
열어 놓으셨다. 이를 위해 증산상제님께서는 먼저 천상의 특수부대인 36만
명의 신병(神兵)을 동원하여 비상 경계령 체제에 들어가도록 하셨다. 그리고
후천 세계상등국을 목전에 앞둔 민족사의 대 진운(進運)기에 이를 차단하
는 복마가 발동하지 못하도록 천상에서 그 책임자로 있는 관운장으로 하
여금 이 일에 역사하도록 하셨다.

천지의 대차력주인 운장주를 700번 외우게 하신 것은 바로 불을 묻는 이
화둔공사가 앞으로 인사 문제로 파국 없이 이화되도록 천지 기운의 대세를
돌려놓으신 것을 의미한다.

이제 남북이 4대 강국을 안고 벌이고 있는 마지막의 상씨름은, 상극의 대
결시대를 상생의 세계질서로 대전환시키기 위해 후천개벽을 향한 마지막 항
해를 힘차게 하고 있다.

* 출전 : 개벽 (다이제스트), 안경전 지음

※ 남북통일에 관한 네이버 통합검색 자료 모음

2020년 04월 북한 김여정(金與正)은 긴급 사태시 최고 지도자 권한 대행이 되었고, 대남 사업총괄자가 되었다. 그 후, 김여정(金與正)은 2020년 06월 16일 대북 삐리 살포를 맹비난하면서 남북연락사무소를 폭파시켰다.

● 2021년 09월 29일, 김여정(金與正)은 국무위원으로 파격적인 승진을 함으로써 북한의 실질적인 2인자가 되었다. ● 2021년 09월, 북한의 실질적인 여자 임금으로 김여정이 등극한 것이다. ● 탄허 스님은 "여자 임금이 나타난 후, 3-4년 후에 남북 통일이 된다!" 라고 예언했었다.

● 2025년 남북 통일이다!

● 1999년 팔백년 대운(大運) 문호가 대한민국에 열리고, 마침내 21년 후인 2020년 대운(大運)을 확정지으면서, 2025년부터는 통일 한국의 새로운 출발을 시작하고, 우리 나라가 새로운 길로 나아가게 될 것이다. 2025년에 새로운 통일 한국의 시대를 창달하고, 새로운 통일 대한민국을 만드는 큰 장터가 생길 것이다.

★ **김일부**(金一夫)의 **정역**(正易)을 추종하던 사람들 사이에 도선(道詵) 국사(國師)가 예언했던 **도참설**(圖讖說)이 전해졌다. "**6.6, 7.7에 해방되고, 3.3, 4.4에 통일된다!**" 라는 내용이다. ★ **6.6**은 일제(日帝) **36년** (6x6=36년)을 말하는 것이며, **7.7**은 양력 8월15일 (**음력 07월 07일**) **해방되는 날짜**를 말한다. ★ **3.3** = 12x3 + 12x3 = **72년**. **1953년** 07월 27일 한국 전쟁(1950-1953년) 휴전 협정 체결 이후, **72년** 이후, **2025년 남북 통일**되는 것을 의미한다. 실질적으로 **음력 9월 16일** (3x3=9),(4x4=16) **남북 통일**을 가능하게 할 수 있다.

● **72년**은 **두문동**(杜門洞) **성수**(星數)이다. "나는 이제 **72둔**(遁)을 다 써서 화둔(火遁)을 트리라." (증산도 道典 4:146)

● 탄허 스님이 말하기를 "**2019-2025년 6년간** 캄캄한 **전체주의 비상 사태**를 거치면, **한반도 남북 통일 시기**로 주목해 볼 수는 있을 것이다. 하지만, 후천 개벽(開闢)의 **한반도 변란**(變亂)을 어찌 인간이 함부로 지껄일 수 있을까요? **한국에 권능의 지도자**가 나와서 앞으로 **한반도 남북 통일을 이끌 것**이다. 참된 인물은 이 땅에 통일이 되면서 출현한다.

■ 한반도 통일과 지구촌 문명에 관한 탄허 스님 예언

● 탄허 스님(1913-1983)은 '장차, 한반도 남북 통일이 이뤄진다' 그리고, '한반도가 지구촌의 세계 중심이 된다' 라고 말했다. 그때가 되면, "국제적인 권능(權能)의 지도자(指導者)가 이 땅에서 출현한다"고 말했다. 이에 대해 장화수 박사는 "탄허 스님의 대예언은 2가지 대전제를 던져주고 있다. 첫째는 지구가 삐뚤어 진 것이 원죄로서, 가까운 21세기 중에 360도로 똑바로 세워지기 때문에 인류는 평화로운 삶을 얻는 후천 개벽(開闢)이 온다는 거시적인 대전제가 그 하나이다. 그런데, 첫째 예언이 성립하기 위해서는 둘째로, 극동의 한반도가 세계의 중심이 되어야 하는 전제 조건이 있는데, 한반도가 갖추어야 할 '완전한 통일 문제'가 비록 미시적인 관점이지만, 필연적으로 뒤따라야 한다. 하지만, 통일(統一)이란 뜻은 탄허 스님이 지적하기를 완전 통일을 말한다. 단순히 남북이 대화를 통한다든가 교류를 한다든가 한민족이 2개의 국가나 2개의 정부나 2개의 체제를 갖는 통일은 아니다. 1민족, 1국가, 1정부, 1체제의 통일만이 완전한 통일이라는 뜻이고, 그런 한반도 남북 통일은 그 후에 전개될 지구촌의 대변동 후천 개벽을 예고해 주는 결정적인 징조(徵兆)라는 점이 대 예언의 본질"이라고 소개했다.

● "**한반도가 세계 중심 된다**" 라는 예언 내용이 과연 맞아
가고 있는 것일까? 탄허 스님(1913-1983)은 늘상 '**한반도
가 세계 중심이 된다**' 라고 말했다. 그때가 되면, "국제적인
권능(權能)의 지도자(指導者)가 이 땅에서 출현한다"고 말
했다. 이에 대해 장화수 박사는 "**탄허 스님의 대예언**은 **2가
지 대전제**를 던져주고 있다. **첫째**는 지구가 삐뚤어 진 것이
원죄로서, 가까운 21세기 중에 360도로 똑바로 세워지기
때문에 인류는 평화로운 삶을 얻는 **후천 개벽(開闢)이 온다
는 거시적인 대전제**가 그 하나이다. 그런데, 첫째 예언이 성
립하기 위해서는 **둘째**로, 극동의 **한반도가 세계의 중심이
되어야 하는 전제 조건**이 있는데, **한반도가 갖추어야 할 '완
전한 통일 문제'**가 비록 미시적인 관점이지만, 필연적으로
뒤따라야 한다. 하지만, 통일(統一)이란 뜻은 탄허 스님이
지적하기를 완전 통일을 말한다. 단순히 남북이 대화를 통
한다든가 교류를 한다든가 한민족이 2개의 국가나 2개의
정부나 2개의 체제를 갖는 통일은 아니다. 1민족, 1국가, 1
정부, 1체제의 통일만이 완전한 통일이라는 뜻이고, 그런 **한
반도 남북 통일**은 **그 후에 전개될 지구촌의 대변동 후천 개
벽**을 예고해 주는 **결정적인 징조(徵兆)**라는 점이다.

● 우리나라 도참서 중에 격암유록(格庵遺錄). 정유결(鄭
橈訣) 등의 예언서가 있는데, 을사년(乙巳年)인 靑蛇 赤狗
黑龍日 **2025년에 통일**이 된다고 예언되어 있다. 赤狗 병
술(丙戌)월은 5년마다 돌아온다. 을사(乙巳) **2025년이 통
합지년(統合之年)**이다. 통합지년하시(統合之年何時) 용사
적구희월야(龍蛇赤狗喜月也), 백의민족(白衣民族) 생지년
(生之年)

● 탄허 스님은 말씀하시길 "월악산(1092m) 영봉(靈峰)
위로 달(月)이 뜨고, (1092月 = 91년) 달빛이 물에 비치고
나면, (1991년), 30년쯤 후에 여자 임금이 나타난다.
(1991 + 30년 = 2021년) **여자 임금**이 통치하고, 3-4년 있
다가 **한반도 통일**이 트이게 된다." 라고 했다. 월악산(月岳
山)은 충북의 제천과 충주에 걸쳐 있는 산인데, 1985년 충
주댐이 완성되었다. 충주댐에 물이 차기 시작하니까, 월악
산 달이 드디어 물에 비치게 되었다. 1985년부터 30년을
계산하면, 2015년이며, 여성 대통령의 통치 기간이다. 그리
고, 제18대 **박근혜**대통령 통치 기간 (2013년-2017년 03
월 10일) 끝나고, **문재인** 대통령(2017년 05월 10일-2022
년) 시대에 북한에는 김여정 대행 체제가 준비된다. 그리고,
그 이후, 3-4년 경과한 후, **2025년 전후**, 한반도 통일이 완
성되는 꿈같은 역사가 실현될까?

● 탄허 스님은 1974년 한반도 주변과 지구의 미래를 예언했었다. 탄허 스님이 남긴 주요 예언은 다음과 같다.

1) **현재의 종교는 너무 낡고 병들어서** 모두 쓸어 없어지게 될 것이다. 종교의 천박한 허상(虛像)이 무너진다. 장차, 세상의 모든 종교가 사라진다. 왜냐면, 종교적 맹신이 과학적인 진실과 사회적인 현실을 매우 심각하게 왜곡해 왔으며, 그로인해 인류 전쟁의 대부분이 종교 전쟁이었던 까닭이다. 종교의 거짓 실체와 알몸이 세상으로 훤하게 드러날 것이다. 곰팡내 나는 기존의 모든 종교는 역사 속으로 사라지고, 새로운 시대가 펼쳐진다.

2) **일본 열도의 2/3 정도 가량이 바다 속에 빠져서 침몰**할 것이다.

3) 한반도의 서해안이 한반도 면적 2배 정도로 융기되어 육지가 된다. 그 대신 한반도의 동해안 일부가 해일과 지진으로 침몰을 경험할 것이다.

4) **만주와 요동 반도**가 장차 우리 영토로 다시 복귀하게 될 것이다.

5) 지구가 23도 7분 삐뚤어져 있다. 북극 빙하가 녹아 내려서 **미국의 서부 해안**과 **일본 열도**가 침몰할 것이다. 지구촌은 **천지개벽**(天地開闢)이 일어난다.

● **1999년 팔백년 대운(大運)** 문호가 대한민국에 열리고, 마침내 21년 후인 **2020년 대운(大運)**을 확정지으면서, **2025년부터는 통일 한국의 새로운 출발**을 시작하고, 우리 나라가 새로운 길로 나아가게 될 것이다. **2025**년에 새로 운 통일 한국의 시대를 창달하고, **새로운 통일 대한민국을 만드는 큰 장터**가 생길 것이다. 우리나라 도참서 중에 격암 유록(格庵遺錄). 정유결(鄭楡訣) 등의 예언서가 있는데, 을사년(乙巳年)인 靑蛇 赤狗 黑龍日 **2025년**에 통일이 된 다고 예언되어 있다. 赤狗 병술(丙戌)월은 5년마다 돌아온 다. 을사(乙巳) **2025년이 통합지년(統合之年)**이다. 통합 지년하시(統合之年何時) 용사적구희월야(龍蛇赤狗喜月 也), 백의민족(白衣民族) 생지년(生之年)

★ **김일부**(金一夫)의 **정역(正易)**을 추종하던 사람들 사이 에 도선(道詵) 국사(國師)가 예언했던 **도참설**(圖讖說)이 전해졌다. "**6.6, 7.7에 해방되고, 3.3, 4.4에 통일된다!**" 라 는 내용이다. ★ **6.6**은 일제(日帝) **36년** (6x6=36년)을 말 하는 것이며, **7.7**은 양력 8월15일 (**음력 07월 07일**) 해방 **되는 날짜**를 말한다. ★ **3.3** = 12x3 + 12x3 = **72년**. **1953 년** 07월 27일 한국 전쟁(1950-1953년) 휴전 협정 체결 이 후, **72년** 이후, **2025년 남북 통일**되는 것을 의미한다. 실질 적으로 **음력 9월 16일** (3x3=9),(4x4=16) **남북 통일**을 가 능하게 할 수 있다.

볼 때는 이미 북한과 남한이 분단시대를 끝내고 태을도 대시국이라는 통일시대로 진입한 것입니다.

강증산 남북통일 천지공사

■ 태을도 대시국

1. 도족 태을도

@ 증산상제님께서 말씀하시기를 "나의 도문하에 혈심자 한 사람만 있으면 내 일은 이루어지느니라." 증산상제님께서 이르시기를 **"세상사람들이 나의 도문하에 '태을도인들이 나왔다'고 말들을 하면, 태평천하한 세상이 되리라."** 이어서 말씀하시기를 **" 지금은 태을도인으로 포태되는 운수이니 아동지세이니라.**

≡ 목록으로   ♡ 0   💬 2   ⤴

제 **02** 부

격암유록 예언의 적중(的中)

1. 예언서는 천기(天機)로서 비밀로 감추어 둔 문장
    1) 국립중앙도서관 고서목록 古1496-4호『격암유록』
    2) 서울대학교 규장각 고서목록 奎12375『남사고비결』
    3)『격암유록』(읽기 전에 서두의 마음 자세 ;
        이 책을 이해하는 집안은 복이 있는 집안이며 예부터의
        비밀로 감추어둔 문장으로 되어 있다)

2. 임진왜란, 병자호란, 현재 죽게 되는 상황과 살 방도에 대한 예언
3. 이조 500년 멸망과 이승만 대통령 12년 집권 예언
4. 경술국치, 일본이 36년 만에 물러가게 된다는 예언
5. 해방, 분단, 6·25전쟁, 정전, 통일 예언
6. 판문점과 38선, 좌익우익, 평화통일 예언
7. 문화사(전화, 기차, 지하철, 고가도로, 비행기) 예언
8. 천부경은 진경 예언, 2000년 8월 UN에서 열린 세계정신지도자회의「평화의 기도」
9. 대한민국에 대운수, 전 세계 특별히 신문에 보도 예언
10. '전 세계에서 한국에 집중' 예언이 머지않아 조선에서 이루어질 것 예언
11. 양심진리, 자심천주, 만물을 내 몸같이 사랑하라 예언
12. 철학, 과학연구자 하루아침에 물러나게 된다는 예언
13. 코로나 발생 예언(2023년 7월 기준 700만 명 사망)
14. 서울의 봄 예언(전두환 출현과 부마사태, 김종필 물러남, 삼청교육대,
    전국 데모, 무리들은 입조심하라)

예언서는 천기(天機)[1] 로서
비밀로 감추어 둔 문장

1) 국립중앙도서관 고서목록 古1496-4号『격암유록』

국립중앙도서관 전경

(출처:국립중앙도서관)

(주소 : 서울특별시 서초구 반포대로 201)
☎ 02-590-0552~0556

국립중앙도서관 소장

『格菴遺錄』(古1496-4号)

---

1) 천기(天機) : 천지의 기운이나 천지의 움직임

2) 서울대학교 규장각 고서목록 奎12375 『남사고비결』

서울대학교 규장각 전경 (출처:더스트커버)

서울대학교 규장각 소장 『南師古秘訣』(奎12375)

3)『격암유록』(읽기 전에 서두의 마음 자세 ; 이 책을 이해하는 집안은 복이 있는 집안이며 예부터의 비밀로 감추어둔 문장으로 되어 있다)

[격암유록 예언]

① 知解此書有福家, 未解此書無福家
　지해 차 서 유 복 가 미 해 차 서 무 복 가
　　　　　　　　　　　－「생초지락(生初之樂)」

② 自古 豫言秘藏之文 隱頭藏尾不覺書
　자고　예언비장지문　은두장미불각서
　　　　　　　　　　　－「말운론(末運論)」

[해석]

① 이 책을 해석해서 아는 사람은 복이 있는 집안이요, 이 책을 해석하지 못하는 사람은 복이 없는 집안이라.

② 옛날부터(自古) 내려오는 이 예언은 비밀로 감추어둔 문장이니 머리를 숨기고 (隱) 꼬리를 감추었으니(藏) 깨닫지 못하는 문장이라.

◆ 500년 전 이조 13대 명종 때 남사고(1509~1571)의
　『격암유록』 원문

　(국립중앙도서관 도서목록 古1496-4号)

격암유록 원문 이해 필수 사항

예언서 해석에는 파자(破字)법, 이두(吏讀)법, 주역(周易) 색상법, 곱셈법 등이 사용된다.

기본적으로 천간(天干)과 십이지(十二支)를 명확하게 알고 있어야 이해가 쉽다.

천간(天干)은 과거 날짜나 달, 연도를 셀 때 사용했던 단어의 총칭으로, 십간(十干)으로도 부른다. 십간은 보통 십이지(十二支)와 함께 사용되며, 이 경우는 십간십이지(十干十二支), 천간지지(天干地支), 또는 간지(干支)라 고 부른다. 이것이 총 60개이기 때문에 육십갑자(六十甲子)라고 부른다.

	甲(갑) 乙(을)		丙(병) 丁(정)		戊(무) 己(기)		庚(경) 辛(신)		壬(임) 癸(계)	
음양	양	음	양	음	양	음	양	음	양	음
오행	木(나무 목)		火(불 화)		土(흙 토)		金(쇠 금)		水(물 수)	
방위	동		남		중앙		서		북	
색상	청		적		황		백		흑	

출처 : 나무위키

위 십간에 해당하는 색과 아래 십이지에 해당하는 동물을 더해서 특정 연도 를 부른다. 그러므로 십간(十干)의 색상을 알아야 연도와 월, 일을 알 수 있다.

십이지(十二支)는 동아시아의 율력 체계에서 사용되는 간지(干支)에서 뒤 쪽에 붙는 열두 가지이다. 앞에 붙는 십간이 하늘을 의미한다고 하여 천간

(天干)이라고 하는 한편 십이지는 땅을 의미한다고 하여 지지(地支)라고 부른다. 십이지간이라고 부르고 뒤에 십간이 붙여 갑자~계해까지의 육십갑자(六十甲子)가 탄생했다.

출처 : https://m.blog.naver.com/tsherpabyus/221761337952

예를 들어 을유년[2] 해방, 경인년 6 · 25, 경술국치[3], 계사년 기미월[4] 정전, 병술월[5] 통일 등등이 바로 이 색상으로 표현되고 있다.

※ 참조

> 甲乙(靑), 丙丁(赤), 戊己(黃), 庚辛(白), 壬癸(黑)
>
> 鷄=酉(닭), 狗=戌(개), 羊=未(양)

---

2) (청계) 靑鷄=乙酉
3) (백구) 白狗=庚戌
4) (황양) 黃羊=己未
5) (적구) 赤狗=丙戌

임진왜란, 병자호란, 현재 죽게 되는 상황과 살 방도에 대한 예언

한산도대첩(민족기록화). 임진왜란 때인 1592년 한산도 앞바다에서 조선 수군이 왜군을 크게 무찌른 해전. (출처:우리역사넷)

임진왜란(壬辰倭亂)은 1592년(선조 25년) 전국 시대가 끝난 도요토미 정권 치하의 일본이 조선을 침략하면서 발발하여 1598년(선조 31년)까지 이어진 전쟁이다.

병자호란 당시 남한산성에서 항쟁 중인 조선군을 그린 기록화 (출처:나무위키)

병자호란(丙子胡亂)은 음력으로는 1636년(인조 14년) 병자년 12월 8일부터 정축년 1월 30일까지, 양력으로는 1637년 1월 3일부터 1637년 2월 24일까지 이루어진 청나라가 조선을 침략한 전쟁이다.

[격암유록 예언]

殺我者誰 女人戴禾 人不知 兵在其中 <small>(임진왜란)</small>
살아자수　여인대화　인부지　병재기중

殺我者誰 兩下橫山 天不知 裏在其中 <small>(병자호란)</small>
살아자수　량하횡산　천부지　리재기중

殺我者誰 小頭無足 鬼不知 化在其中 <small>(현재)</small>
살아자수　소두무족　귀부지　화재기중

話我者誰 十八加公 宋下止 深谷 <small>(임진왜란)</small>
화아자수　십팔가공　송하지　심곡

話我者誰 豕上加冠 哥下止 樑底 <small>(병자호란)</small>
화아자수　시상가관　가하지　량저

話我者誰 三人一夕 都下止 天破 <small>(현재)</small>
화아자수　삼인일석　도하지　천파

– 「은비가(隱秘歌)」

◆ 500년 전 이조 13대 명종 때 남사고
(1509~1571)의 『격암유록』 원문

(국립중앙도서관 도서목록 古1496-4号)

[해석]

 殺

임진왜란 때 나를 죽이는 자는 누구이냐. [倭 : 여인이 머리에 禾를 인 상태] 왜놈. 사람이며 왜병이라.

병자호란 때 나를 죽이는 자는 누구이냐. [雪 : 雨 아래에 山자가 옆으로 하면 雪] 눈. 날씨며 눈 속에 파묻혀 (피난 시) 죽게 된다.

현재 나를 죽이는 자는 누구이냐. [鬼] 귀. 전염되어 죽게 되니라.

活

임진왜란 때 나를 살리는 자는 누구이냐. [松] 소나무숲 깊은 계곡으로 피난하라.

병자호란 때 나를 살리는 자는 누구이냐. [家] 대들보 아래 집에 있으라.

현재 나를 살리는 자는 누구이냐. [修] 수도하는 데에 있다.

이조 500년 멸망과
이승만 대통령 12년 집권 예언

조선의 마지막 왕 순종
(출처 : 위키백과)

대한민국 1~3대 대통령 이승만
(출처 : 위키백과)

조선은 1392년부터 1910년까지 518년간 한반도에 존재한 왕조 국가이
다. 1392년 태조 이성계가 건국하였으며, 1897년 고종이 칭제건원을
선포하여 세운 대한제국으로 계승되었다가, 1910년 경술국치로 일본에 정식
으로 합병되면서 조선 왕조는 약 5백 년의 역사를 뒤로한 채 멸망하였다.

이승만은 대한민국 임시정부의 초대 대통령이자 마지막 주석을 거쳐 대
한민국의 제1·2·3대 대통령으로 12년 동안(1948~1960년) 재임하였다.
1949년 건국훈장 대한민국장에 서훈되었다. 본관은 전주이고, 초명은 승
룡, 호는 우남이다.

[격암유록 예언]

① 李朝之亡 何代 四七君王
　　이조지망 하대 사칠군왕

　　李花更發 何之年 黃鼠之攝政也
　　이화갱발 하지년 황서지섭정야

　　　　　　－「말운론(末運論)」

② 政治事 新增李氏十二年에
　　정치사 신증이씨십이년에

　　流水聲中人何生가
　　류수성중인하생가

　　　　　　－「말초가(末初歌)」

[해석]

① 이씨 조선은 몇 대에 망하는가. 28대 군왕이다. 마지막 임금이 27대 순종이니, 1대를 채우기 위해서 이씨 왕권이 다시 꽃 피워서 무자년[1](1948년)에 섭정하느니라.

② 정치사라. (이성계 즉 이씨 조선 500년에 이어) 새로 더해서 李氏(이승만) 대통령이 12년간(1948~1960년) 집권에 물이 흐르듯이 강한 의지로 정치하게 되니 (자유민주주의 수호를 위해 강한 의지로 정치를 하게 되니 그의 의지를 정확히 파악하지 못한) 사람들의 원성이 자자하리라.

◆ **500년 전 이조 13대 명종 때 남사고(1509~1571)의**
『격암유록』 원문

(국립중앙도서관 도서목록 古1496-4号)

---

1) 黃 ⇒ 戊, 鼠 ⇒ 子 즉, 黃鼠 ⇒ 무자(戊子)년 1948년을 말함.

경술국치, 일본이 36년 만에 물러가게 된다는 예언

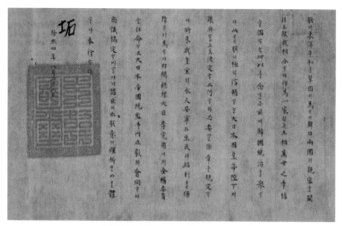

조작된 한일병합 조약문 (출처 : 위키백과)

1945년 맥아더 사령관이 일본의 항복문서에 조인하고 있다. (출처 : 천지일보)

경

술국치(庚戌國恥), 또는 한일병합(韓日倂合)은 <u>1910년(경술년) 8월 29</u>일 월요일에 대한제국이 일본 제국에 병합되어 멸망한 사건을 말한다.

1945년 8월 15일 일본의 항복으로 제2차 세계대전이 연합국의 승리로 끝남과 동시에 일본은 우리나라에서 경술국치 이후 36년(1910~1945) 만에 물러나게 된다.

[격암유록 예언]

隆四七月李花落에 白狗身이 蟬鳴時요
융 사 칠 월 이 화 락   백 구 신   선 명 시
– 「말초가(末初歌)」

[해석]

<u>융희(隆熙)</u>는 대한제국 순종의 연호(1907~1910년까지 4년 동안 사용)이다.

즉 융희 4년은 1910년 음력 7월(양력 8월 29일)에 이씨 조선의 왕권이 몰락함이요,

경술년(白 ⇒ 庚, 狗 ⇒ 戌 / 庚戌年)이요, 매미가 우는 때인 여름[1]이다.

「융희 4년 7월(1910년 7월)에 이씨 조선이 망하며 그해가 경술년이며, 매미가 우는 계절이라.」

◆ <u>500년 전 이조 13대 명종 때 남사고 (1509~1571)의 『격암유록』 원문</u>

(국립중앙도서관 도서목록 古1496-4号)

---

1) **蟬** : 매미 선, 경술국치일이 1910년 8월 29일이니 매미가 우는 여름이라고 예언하고 있다.

[격암유록 예언]

三十六年無主民이
삼 십 육 년 무 주 민
靑鷄一聲半田落이 委人歸根落望故로
청 계 일 성 반 전 락　위 인 귀 근 낙 망 고

– 「말초가(末初歌)」

[해석]

36년(1910~1945) 동안 주권이 없는 백성이
요, 을유년 乙 ⇒ 靑, 鷄 ⇒ 酉 그러므로 靑鷄
⇒ 을유(乙酉)년인 1945년을 가리킨다.
해방의 기쁜 소식이 있으니 일본이 몰락함이라.
(田 자에서 半이 떨어지면 日)
그리하여 왜(倭)놈이 그 뿌리인 본국(일본)으
로 돌아가서 낙망하게 되느니라. (倭 : 委 + 人)

「36년간 주권 없는 백성이요, 을유 해방에 일
본이 몰락하여 왜놈들이 뿌리인 본국으로 돌
아가느니라.」

**◆ 500년 전 이조 13대 명종 때 남사고
(1509~1571)의 『격암유록』 원문**

(국립중앙도서관 도서목록 古1496-4号)

해방, 분단, 6·25전쟁,
정전, 통일 예언

1945년 8월 16일 해방을 맞은 군중들이 서울역 앞 광장에 모여 있다.
(출처 : 미디어한국학/뉴시스)

지구상의 유일한 분단국가
(출처 : 신동아)

◀ 6 · 25전쟁 당시 사진
　(출처 : 나무위키)

▼ 1953년 7월 27일 판문점에서 정전 협정에 서명하고 있는 모습
　(출처 : 연합뉴스)

$1$945년 8월 15일, 일본의 항복으로 제2차 세계대전이 연합국의 승리로
끝나자, 우리 민족은 일제의 가혹한 식민 통치로부터 벗어나 해방을 맞
게 되었다.

제2차 세계대전 이후 군정기를 거쳐 한반도에 두 개의 통치 기구가 수립되
면서 각각 대한민국과 조선민주주의인민공화국으로 분단되었다.

6·25전쟁은 1950년 6월 25일 새벽에 북위 38°선 전역에 걸쳐 북한군이
불법 남침함으로써 발발한 전쟁이다. 북한이 통일을 명분으로 전면적인 남
침을 개시한 것이다.

이후 유엔군과 중국인민지원군 등이 참전하여 세계적인 대규모 전쟁으로
비화될 뻔하였으나, 1953년 7월 27일 22시에 체결된 한국 군사 정전에 관한
협정에 따라 일단락되었다.

[격암유록 예언]

1) 一國分列何年時, 三鳥吹鳴靑鷄之年也
   일 국 분 렬 하 년 시   삼 조 취 명 청 계 지 년 야
2) 又分何之年虎兎相爭 水火相交時也
   우 분 하 지 년 호 토 상 쟁   수 화 상 교 시 야
3) 停戰何時龍蛇相論 黃羊用事之月
   정 전 하 시 용 사 상 론   황 양 용 사 지 월

　　　　　 - 「말운론(末運論)」

[해석]

1) 한 나라의 분열은 어느 해인가. 세 마리의 새가
우는데 푸른 닭이 세 번째 우는 해이니라.

즉 1945년 을유년 해방과 동시에 분열이 된다.

※ 1910~1945년, 36년 동안 닭의 해가 세 번 있다.

① 1921년=辛酉(신유년) : 첫 번째 우는 닭의 해

② 1933년=癸酉(계유년) : 두 번째 우는 닭의 해

③ 1945년=乙酉(을유년) : 세 번째 우는 닭의 해

2) 또 한 번 분단되는 것은 어느 해인고. 호랑이와 토끼가 서로 다투느니라. 즉 호랑이해인 1950년 경인(庚寅)년과 1951년 신묘(辛卯)년인 토끼해에 2년간 치열하게 전쟁하게 된다. 물과 불이 교차하는 듯 상극이니라.

3) 전쟁이 멈추는 것은 어느 때인고. 용의 해인 1952년 임진(壬辰)년과 뱀의 해인 1953년 계사(癸巳)년에 서로 협의하였다가, 1953년 기미월(黃⇒己, 未⇒羊)인 7월 27일이 남북전쟁 정전일이다.

◆ **500년 전 이조 13대 명종 때 남사고 (1509~1571)의 『격암유록』 원문**
(국립중앙도서관 도서목록 古1496-4号)

※ 참조

> 1945년 을유년(청계) (乙酉 = 靑鷄)
>
> 1950년 경인년, 1951년 신묘년, 1952년 임진년, 1953년 계사년
>
> | (호) | (토) | (용) | (뱀) |
> |------|------|------|------|
> | (寅=虎) | (卯=兎) | (辰=龍) | (巳=蛇) |

남북통일
(병술월 2025, 2030, 2035…) 예언
[격암유록 예언]

統合之年何時
통 합 지 년 하 시
龍蛇赤狗熹月也
용 사 적 구 회 월 야
白衣民族生之年
백 의 민 족 생 지 년

– 「말운론(末運論)」

[해석]

1) 통합(통일)되는 해는 어느 때인가.
   용사(년, 일) 붉은 개(赤狗)[1]가 좋아하는 달
   이니라. 이때가 바로 백의민족의 생일이 되는
   해이다.

2) 그런데 지금까지 나와 있는 격암유록 해설
   본에는 용사년으로 해석하고 있다.
   필자는 용사(일)로 해석하고자 한다. 그 이유
   는 원문 위부터 분단시는 년(1945), 정전시는
   월(1953.7), 통일시는 일이 되어야 맞지 않는가.

3) 三八歌(38가)의 원문 마지막 줄이 "용사상
   투패룡하음"이라 했으니 (일)진에 (巳)에 통
   일된다고 풀이해야 맞다고 본다.

◆ 500년 전 이조 13대 명종 때 남사고
  (1509~1571)의 『격암유록』 원문
  (국립중앙도서관 도서목록 古1496-4号)

---

1) (赤 ⇒ 丙, 狗 ⇒ 戌) ⇒ 병술월
   즉 **병술월이 들어 있는 2025년, 2030년, 2035년…
   이 통일되는 해라는 것이다.**

6

판문점과 38선, 좌익우익, 평화통일 예언

판문점 전경 (출처 : 한국학중앙연구원)

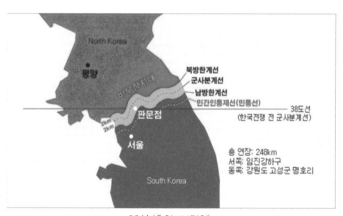

38선 (출처 : 브런치)

판문점은 한국전쟁 때 1951년 10월부터 1953년 7월까지 유엔군과 공산군 간에 휴전회담이 열렸던 곳이다. 1971년 남북적십자 예비회담을 계기로, 군사정전위원회의 회담 장소만이 아니라 남북한 간의 직접적인 접촉과 회담을 위한 장소로 활용되고 있으며, 남북 내왕의 통과 지점으로도 이용되고 있다.

삼팔선은 일본 제국의 항복 직후인 1945년 8월에서 9월 사이 광복을 맞이한 조선에 미군과 소련군이 진주, 한반도를 분할 통치하기 위해 북위 38도 위선을 기준으로 설정한 경계선이다. 총길이는 312km이며, 1953년 7월 27일 정전 협정으로 현재의 휴전선이 확정되면서 역사 속으로 사라졌다.

제2차 세계대전에서 일본이 패망하면서 미국과 소련은 한반도를 분할하여 점령하였으며, 이 과정에서 미국은 자본주의를, 소련은 공산주의를 한반도에 이식하고자 했다. 이후 미국과 소련의 영향력 아래에서 좌익·우익의 대립이 시작되었다.

[격암유록 예언]

① 十線反八三八이요 兩戸亦是三八이며
　　십선반팔삼팔　　　　양호역시삼팔
　　無酒酒店三八이니 三字各八三八이라
　　무주주점삼팔　　　　삼자각팔삼팔

② 一鮮成胎三八隔에 左右相望寒心事요
　　일선성태삼팔격　　좌우상망한심사

- 「삼팔가(三八歌)」

[해석]

① 파자(破字)로 되어 있는데 十 선을 그어놓
고 反과 八을 붙이면 板(널판지 판) 자가
된다. 양쪽에 戸(집 호) 자를 쓰면 戸 門도
역시 38이며 酒店에서 酒 자를 없애(無)면
店도 38이니 板門店 이 세 글자가 각자 8
획이라.

② 한 나라의 조선(鮮)에 틈(隔:틈 격)을 두고
38선을 잉태(胎:잉태할 태)하고 좌(左)익이
니 우(右)익이니 하며 서로 바라보고 있으니
한심한 일이로다.

◆ 500년 전 이조 13대 명종 때 남사고
(1509~1571)의 『격암유록』 원문
(국립중앙도서관 도서목록 古1496-4号)

남북통일 예언

[격암유록 예언]

① **兩虎牛人奮發下 破碎三八役事時에**
　양 호 우 인 분 발 하　파 쇄 삼 팔 역 사 시

② **龍蛇相鬪敗龍下吟龍一起無三八에**
　용 사 상 투 패 룡 하 음 룡 일 기 무 삼 팔

- 「삼팔가(三八歌)」

[해석]

① 남한과 북한이 양쪽 호랑이(虎)같이 버티고
있는데 朱(牛와 人을 합하면 붉을 주(朱))
붉은 공산당인 북한이 분발했다가 꺾일 때
38선이 파쇄(破碎)되는 역사가 일어나는 때
이니라.

② 용과 뱀이 서로 다투게 되는데 용히 패하게
된다. 뱀이 용을 삼켰기(吟) 때문이다. 그래
서 이 시기에 바로 38선이 사라지는 일이 일
어나는 것이다. 즉 2025(2035, 2040…)년
병술월(음 9월) 巳 (사)일이 통일이 되는 38
선이 무너지는 날이다.

◆ **500년 전 이조 13대 명종 때 남사고
(1509~1571)의 『격암유록』 원문**
(국립중앙도서관 도서목록 古1496-4号)

문화사
(전화, 기차, 지하철, 고가도로, 비행기)
예언

한국 최초의 전화기, 덕률풍
(출처 : 폰박물관)

경인선 개통 당시 최초로 운행한 모갈 1호
(출처 : 코레일)

한국에 전화기가 처음 소개된 것은 1882년이나 본격적으로 설치, 운영
된 것은 1898년이다. 이때는 텔레폰(Telephone)을 음역해 덕률풍(德
律風)이라고 불렀다.

1899년 9월 18일, 서울 노량진에서 인천 제물포를 연결하는 총연장 33.2
㎞의 경인선 철도가 개통했다. 당시 '모갈(Mogul) 1호'라는 이름이 붙은

증기기관차가 목재로 된 객차 3량을 달고 경인선 구간을 시속 20~30㎞ 속도로 운행했다.

1974년 8월 15일 서울 지하철 1호선 (출처 : 중앙일보)

아현 고가도로 개통 당시 모습 (출처 : 중구신문)

최초 국산 경비행기 부활호 (출처 : 위키백과)

대한민국 최초의 지하철은 서울 지하철 1호선(서울 ~ 청량리)이다. 1971년 4월 12일 착공하여 1974년 8월 15일 개통하였는데, 이는 세계에서 22번째로 지어진 지하철 노선이다.

1968년 9월 19일에 개통된 아현 고가도로는 서울에서 가장 오래된 구조물이자 대한민국 최초 고가도로이다. 중구 중림동 754번지부터 마포구 아현동 267번지까지를 잇는 940m 길이의 고가 차도였다. 2014년 철거되어 역사 속으로 사라졌다.

동력비행기가 우리나라에 첫선을 보인 것은 1913년 일본해군 기술장교가 용산의 조선군 연병장에서 "나라하라 4호" 비행기로 공개 비행 행사를 가진 것이 그 효시다. 순수 우리 기술로 제작된 국산 최초의 비행기는 1953년 제작된 '부활호'이다.

[격암유록 예언]

① 無面相語萬國語는 金絲千里人言來요
　 무 면 상 어 만 국 어　　금 사 천 리 인 언 래

② 東北千里鐵馬行은 三層畫閣人座去라
　 동 북 천 리 철 마 행　　삼 층 화 각 인 좌 거

③ 空中行船風雲牒은 赤旗如雨白鶴飛라
　 공 중 행 선 풍 운 첩　　적 기 여 우 백 학 비

　　　　- 「말초가(末初歌)」

[해석]

① 전화 예언

얼굴(面)이 없이(안 보고) 서로 만국의 말을 하고
쇠로 된 실(전선)에 천리 길을 사람의 말이 온다.

② 기차, 지하철, 고가도로 예언

동쪽에서 북쪽까지 천리 길을 쇠로 된 말이 가
는데 3층으로 된 그림으로 된 집(지하철, 일반도
로(국도), 고가도로)에 사람이 앉은 채로 간다.

③ 비행기 예언

공중에 배가 가는데 바람과 구름과 같이 빠르
고 붉은 기(각국의 국기)를 달고 비 오듯이 흰 학
처럼 날아다닌다.

◆ **500년 전 이조 13대 명종 때 남사고
(1509~1571)의 『격암유록』 원문**

(국립중앙도서관 도서목록 古1496-4号)

천부경은 진경 예언, 2000년 8월 UN에서 열린 세계정신지도자회의 「평화의 기도」

녹도문자로 쓰인 천부경 원문 　　　 국학원 설립자 이승헌 총장이 쓴 천부경

천부경은 삼일신고, 참전계경과 더불어 우리나라 3대 경전 중의 하나로 대종교에서는 단군 시기인 약 5천 년 전에 쓰인 경전이다. 그 당시 문자가 없어서 <u>녹도문자(鹿圖文字)</u>[1]로 전래되던 것을 신라시대 대학자인 최치원이 한자로 번역했다고 전해진다.

---

1) 녹도문자(鹿圖文字)는 사슴 발자국과 만물의 형상을 보고 만들었다는 문자로서 배달국 시대에 만들어졌다는 설이 유력함.

[천부경 원문]

一始無始一析三極無
일 시 무 시 일 석 삼 극 무

盡本天一一地一二人
진 본 천 일 일 지 일 이 인

一三一積十鉅無匱化
일 삼 일 적 십 거 무 궤 화

三天二三地二三人二
삼 천 이 삼 지 이 삼 인 이

三大三合六生七八九
삼 대 삼 합 육 생 칠 팔 구

運三四成環五七一妙
운 삼 사 성 환 오 칠 일 묘

衍萬往萬來用變不動
연 만 왕 만 래 용 변 부 동

本本心本太陽昂明人
본 본 심 본 태 양 앙 명 인

中天地一一終無終一
중 천 지 일 일 종 무 종 일

[해석]

우주만물은 하나에서 나오고 하나에서 비롯되나 이 하나는 하나라고 이름 붙여지기 이전의 하나이며 본래부터 있어 온 하나이다.

하나는 하늘과 땅과 사람 세 갈래로 이루어져 나오지만 그 근본은 변함도 없고 다함도 없다. 하늘의 본체가 첫 번째로 이루어지고, 그 하늘을 바탕으로 땅의 본체가 두 번째로 이루어지고, 그 하늘과 땅을 바탕으로 사람의 본체가 세 번째로 이루어진다.

이렇게 변함없는 하나가 형상화되기 이전의 하늘, 땅, 사람의 순서로 완성되면서 새로운 하나를 이룬다. 이 새로운 하나는 한정도 없고 테두리도 없다.

이 새로운 하나가 바로 형상화된 하늘과 땅과 사람이다. 형상화되기 이전의 하늘, 땅, 사람과 형상화된 하늘, 땅, 사람이 어울리면서 음과 양, 겉과 속, 안과 밖이 생겨난다.

하늘에는 밤과 낮이 있고 땅에는 물과 뭍이 있으며 사람에게는 남녀가 있어서 이 둘의 조화를 통해 천지는 운행을 하고 사람과 만물은 성장 발달해 나간다.

이렇듯 하늘과 땅과 사람이 원래의 근본 상태, 형상화되기 이전의 상태, 형상화된 상태, 형상화되기 이전과 형상화된 상태가 어울려 작용하는 상태, 이 네 단계를 거쳐 우주 만물이 완성되며 우주 만물은 본래 따로 뗄 수 없는 한 덩어리다.

이렇게 하나가 묘하게 피어나 우주 만물이 형성되며 그 쓰임은 무수히 변하나 근본은 다함이 없다.

마음의 근본과 우주 만물의 근본이 하나로 통할 때 일체가 밝아진다. 이렇게 마음을 밝힌 사람에게는 하늘과 땅이 하나로 녹아 들어가 있다.

　우주 만물은 하나로 돌아가고 하나에서 끝이 나지만 이 하나는 하나라고 이름 붙이기 이전의 하나이며 끝이 없는 하나이다.

一指 이승헌

[평화의 기도]

一指 이승헌

『세계적인 종교 및 정신 지도자들이 함께 한 자리에서 이 시대의 마지막 분단국인 한국인의 한 사람으로서 평화를 위한 기도를 드리게 된 것을 무척 의미 있고 기쁘게 생각합니다.』

나는 이 평화의 기도를
기독교의 신에게 드리는 것도 아니요
불교의 신에게 드리는 것도 아니요
이슬람교의 신에게 드리는 것도 아니요
유대교의 신에게 드리는 것도 아닙니다.
모든 인류의 신에게 드립니다.
우리가 기원하는 평화는

기독교인만의 평화나
불교인만의 평화나
이슬람교인만이 평화나
유대교인만의 평화가 아니라
우리 모두를 위한
인류의 평화이기 때문입니다.

나는 이 평화의 기도를
우리들 모두 안에 살아계신 하느님,
우리를 기쁨과 행복으로 충만하게 하시고
우리를 온전케 하시며
우리로 하여금 삶이 모든 인류를 위한
사랑의 표현임을 이해하게 하는
하느님께 드립니다.

어떤 종교도 다른 종교보다
더 우월하지 않으며
어떤 진리도 다른 진리보다
더 진실되지 않으며
어떤 국가도 지구보다 크지는 않기 때문입니다.

우리로 하여금 우리의 작은 한계를 벗어나도록,
그리하여 우리의 뿌리가 지구임을

우리가 인도인이나, 한국인이나, 미국인이기 전에
지구인임을 깨닫도록 도와주소서.

신은 지구를 만드셨지만
그것을 번영토록 하는 것은 우리의 일입니다.
이를 위해 우리는
우리가 어떤 나라의 국민이거나
어떤 인종이거나 종교인이기 전에
지구인임을 깨달아야 하며
우리가 우리의 영적인 유산 속에서
진정으로 하나임을 알아야 합니다.

이제 종교의 이름으로 가해진
모든 상처들에 대해 인류 앞에 사죄함으로써
그 상처를 치유합시다.
이제 모든 이기주의와 경쟁에서 벗어날 것을
그래서 신 안에서 하나로 만날 것을
서로에게 약속합시다.

나는 이 평화의 기도를
전능하신 신께 드립니다.
우리가 우리 안에서 당신을 발견하게 하시고
그리하여 언젠가 당신 앞에

하나의 인류로서 자랑스럽게 설 수 있게 하소서

나는 이 평화의 기도를
모든 지구인들과 함께
지구의 영원한 평화를 위해 드립니다.

홍익인간 이화세계

『2000년 8월 유엔에서 열린 세계정신지도자회의에서
아시아 정신 지도자를 대표해서 올린 기도』

〈 대한민국의 인성교육 참조 〉

(의식의 밝기를 200 이하에서 200 이상으로 될수 있도록 교육)

생각이 바뀌고 행동이 바뀌면 운명이 바뀐다.

의식의 밝기

의식의 밝기 (Lux)	의식수준	감정	행동	말
700~1000	깨 달 음	언어이전	순수의식	
600	평 화	하 나	인류공헌	우리는 모두 하나입니다...
540	기 쁨	감 사	축 복	무심코 웃음이 납니다. 고맙습니다. 감사합니다.
500	사 랑	존 경	공 존	우리같이 해요, 사랑합니다. 나가 자랑스럽다, 널 사랑한다.
400	이 성	이 해	통 찰 력	널 진심으로 이해한다. 해결방법을 한번 찾아 보자꾸나.
350	수 용	책 임 감	용 서	그래, 그럴수도 있지. 그것도 좋은거야 뒷일은 내가 책임질게.
310	자 발 성	낙 관	친 절	제가하면 해보겠습니다. 그래도 다행이네요. 무엇을 도와드릴까요?
250	중 립	신 뢰	유 연 함	양쪽의 애길 다 들어보고 결정하자. 가치관이 서로 다르잖아.
200	용 기	긍 정	힘을주는	넌 정말 못하는게 없구나, 넌 잘 할수 있어. 무엇을 하든 최선을 다하면 되는거야.
175	자 존 심	경 멸	과 장	절대 질수없어, 내가 최고야. 너 그 정도밖에 못해? 에이—흔심 상하네. 내가 왕년에는 일이야.
150	분 노	미 움	공 격	내가 이렇게 하지 말라고 그랬잖아? 똑바로 해. 오이그—저 사람은 보기도 싫어. 확—너그냥....
125	욕 망	갈 망	집 착	저것을 꼭 내것으로 만들어야지. 이번에는 꼭 1등을 해야해.
100	두 려 움	근 심	회 피	어휴~이것을 어떻게 하지? 나 이거 잘 못해. 저사람이 더 잘해져 사랑시켜 난 싫어 더나해.
75	슬 픔	후 회	낙 담	그때 좀 더 잘할걸. 내 신세가 이거 뭐야?
50	무 기 력	절 망	포 기	난 이게 더 이상 못해. 내 한계야. 에이—될대로 되라지 뭐.
30	죄 의 식	비 난	학 대	너 때문에 이렇게 됐잖아? 병신같은 놈! 나는 정말 왜이럴까?
20	수 치 심	굴 욕	잔 인 함	오이그~비참하다. 어휴~쪽팔려 차라리 없어져 버릴까?

POWER
긍정적인 에너지

FORCE
부정적인 에너지

미 콜롬비아대 정신의학박사인 데이비드 홉킨스 박사가 1975년~1995년간(20여 년 동안)
수백만 번의 임상실험을 통해서 밝혀낸 인간의 의식수준 도표입니다.

[격암유록 예언]

天符經에 無窮造化出現하니
천부경　　무궁조화출현

天井名은 生命水요 天符經은 眞經也며
천정명　　생명수　　천부경　　진경야

– 「송가전(松家田)」

[해석]

천부경은 무궁조화법으로 출현하니
하늘 우물의 이름은 생명수이며
천부경은 진경(참 경전)이니라.

◆ **500년 전 이조 13대 명종 때 남사고**
(1509~1571)의 『격암유록』 원문

(국립중앙도서관 도서목록 古1496-4号)

〈참조〉

　천부경(天符經)은 삼일신고, 참전계경과 더불어 우리 민족 3대 경전 중 하나이다. 천부경은 우주 만물의 근원과 창조의 원리가 천명으로 기록된 81자로 구성되어 있다.
　천부경, 삼일신고, 참전계경을 요약하면 지혜로서 자신을 구제하고 주변사람을 구제하고 세상을 구제하여야 부작용이 없고 조화와 균형을 얻고 홍익인간, 이화세계, 지구시민, 지구경영, 인류평화가 된다는 것이다.
　천부경은 5천여 년 전부터 녹도문자로 전해 오던 것을 신라시대 대학자인 최치원에 의해 번역되어 세상에 전해지게 되었다.

대한민국에 대운수,
전 세계 특별히 신문에 보도 예언

[격암유록 예언]

回來朝鮮大運數
회래조선대운수

是非障 錦繡江山我東方 天下聚氣運回
시비장 금수강산아동방 천하취기운회

鮮太古以後初樂道 始發中原槿花鮮
선태고이후초락도 시발중원근화선

列邦諸民父母國
렬방제민부모국

- 「말운가(末運歌)」

[해석]

돌아온다. 조선에 큰 운수가 온다.
금수강산 우리 동방 나라요, 천하에 기운이
모아져서 조선으로 오게 되는데 세계의 중심이
요, 근원인 무궁화꽃(槿花) 피는 조선이 전 세
계(列邦) 모든 인류(諸民)의 부모국이니라.

[참조]

◆ 500년 전 이조 13대 명종 때 남사고
(1509~1571)의 『격암유록』 원문

(국립중앙도서관 도서목록 古1496-4号)

오성취두(五星聚[1]斗)의 천문(天文)은 대길조(大吉兆)의 현상으로 우리나라가 세계 중
심국으로 부상하는 제일 첫째 조짐(兆朕)이라 한다.
임인년 오성취두는 봉우(鳳宇)선생 권태훈 옹이 1982년에 강조해서 말한 적이 있다.

---

1) 聚 : 모을 취

印度佛國英米露國特別朝鮮報라
인도불국영미로국특별조선보

- 「격암가사」

[해석]

인도, 프랑스, 영국, 미국, 러시아 등에서 특별히 조선(대한민국)을 언론에 보도하게 되리라.

◆ 500년 전 이조 13대 명종 때 남사고 (1509~1571)의 『격암유록』 원문
(국립중앙도서관 도서목록 古1496-4号)

'전 세계에서 한국에 집중' 예언이
머지않아 조선에서 이루어질 것 예언

우주에서 본 한국 (출처 : 로이터)

[격암유록 예언]

列邦之中高立鮮 列邦蝴蝶歌舞來
열방지중고립선 열방호접가무래

海中豊富 貨歸來
해중풍부 화귀래

- 「내패예언육십세(來貝豫言六十才)」

[해석]

세계 모든 나라(列邦) 가운데 대한민국이
높이 부상(高立鮮)하게 되리라.
세계 모든 나라에서 나비(蝴蝶)와 같이
노래 부르며 춤추며(歌舞) 오리라.
바다 가운데 풍부한 재물이
돌아오리라(貨歸來).

◆ 500년 전 이조 13대 명종 때 남사고
(1509~1571)의 『격암유록』 원문

(국립중앙도서관 도서목록 古1496-4号)

[격암유록 예언]

寶貨萬物自然來 豫言不遠朝鮮矣
보화 만물 자연 래 예언 불 원 조 선 의

– 「가사요(歌辭謠)」

[해석]

보화만물(寶貨萬物)이

자연히 오게 되며(自然來)

예언(豫言)이 머지않아(不遠)

조선에서 이루어지리라.

◆ 500년 전 이조 13대 명종 때 남사고
(1509~1571)의 『격암유록』 원문

(국립중앙도서관 도서목록 古1496-4号)

양심진리, 자심천주,
만물을 내 몸같이 사랑하라 예언

(良心眞理, 自心天主, 博愛萬物慈悲之心愛憐如己 내 몸같이)

[격암유록 예언]

良心眞理 찾아보소 自心天主이니라
양심진리   자심천주

    - 「격암가사(格菴歌辭)」

[해석]

「양심진리(良心眞理) 찾아보소. 자신의 마음
(自心)속의 양심이 하나님(天主) 자리이다.」

양심은 우리 모두 안에 내재해 있는 본성이다.
혈통이나 교육수준, 생활환경, 남녀노소, 유무
식을 막론하고 사람이라면 누구나 지니고 있다.

양심은 도덕이나 윤리와 다르다. 도덕과 윤리
는 상대적이며 사회와 문화, 역사적 상황에 따
라 달라진다. 그러나 양심은 절대적이며 상황
에 휘둘리지 않는다.

양심은 대단한 노력이나 수행을 통해 얻는 게
아니다. 그냥 주어지는 것이다. 양심은 진실을 비
추는 거울이고, 진실을 향한 의지이며, 조건이나
상황에 상관없이 바르게 행동하려는 의지이다.
내 안에 원래부터 있었던 순수함, 밝은 빛이다.

◆ **500년 전 이조 13대 명종 때 남사고
(1509~1571)의 『격암유록』 원문**

(국립중앙도서관 도서목록 古1496-4号)

〈참조〉

생명의 근원이 마음에 있다. (잠언 4:23) ⇒ 聖經
인내천(人乃天) 사상과 사인여천(事人如天)의 천도교(天道敎) 마음과 같다. ⇒ 天道敎
천국은 여기 있다 저기 있다 못하리니 너희 마음속에 있다. (누가 17:21) ⇒ 聖經
心卽佛, 萬物一切唯心造 ⇒ 佛經
심 즉 불 만 물 일 체 유 심 조

[격암유록 예언]

一心正道修身하면
일심정도 수신

耳目口鼻身手淨에 毫釐不差無欠으로
이목구비신수정　호리불차무흠

博愛萬物慈悲之心 愛憐如己 내몸같이
박애만물자비지심　애련여기

- 「말중운(末中運)」

[해석]

한마음(一心)으로 바른 도(道)를 닦아 수신
(修身)하면
귀, 눈, 입, 코, 몸, 손, 즉 신체 모두 깨끗이
정화(淨 : 깨끗할 정)되어
온 신체(몸)가 흠 없이(無欠) 깨끗이 조금도
차이 없이(毫釐不差) 깨끗이 되어
널리(博) 우주만물을 자비의 마음으로 바라
보게 되어
만물(萬物)도 모든 인간도 내 몸같이 여기고
(如己) 사랑하게(愛憐) 되리라.

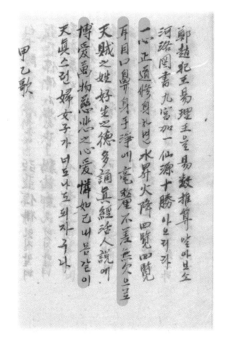

◆ 500년 전 이조 13대 명종 때 남사고
(1509~1571)의 『격암유록』 원문
(국립중앙도서관 도서목록 古1496-4号)

〈격암유록의 가장 핵심철학인 愛憐如己(큰 사랑)〉

지구상의 242개국 80억 인류는 인종과 종교, 이념, 국경을 초월하여 남녀노소유무식
을 막론하고 누구나 다 한 조상이요 한 뿌리인 것이다. 그러므로 나무로 비유하면
80억 인류가 한 나무요 한 뿌리이다. 누구든지 한 몸이요 내 몸처럼 여기면 그 잘못
이 내 잘못으로 여기고 그 죄도 내 죄로 여기는 마음의 큰 사랑(慈悲之心 愛憐如己)
이 있을 때 대동세계(大同世界)의 평화(平和)가 정착(定着)된다는 예언(豫言)이다.

철학, 과학연구자
하루아침에 물러나게 된다는 예언

哲學科學硏究者 一朝一夕退去日
철학 과학 연구자 일조일석퇴거일

– 「갑을가(甲乙歌)」

[해석]

「철학과학 연구자가 하루아침, 하루저녁에 물러가게 되리라.」

이 말은 성경(聖經) 고린도전서(13장 8절)와 상통(相通)한다.
"온전한 것이 올 때는 온전치 못한 것은 폐하리라. 지식도 폐하리라."
즉 물질문명(物質文明) 위주의 학문이 양심을 바로 일깨우는 정신문명(精神文明)이 나오게 되면 물러가게(退) 된다는 예언(豫言)이다.

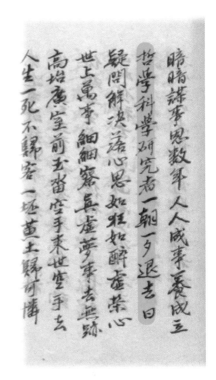

◆ 500년 전 이조 13대 명종 때 남사고 (1509~1571)의 『격암유록』 원문
(국립중앙도서관 도서목록 古1496-4号)

코로나 발생 예언

(2023년 7월 기준 700만 명 사망)

뉴욕 Hart 섬 대형 **웅덩이**에 대량의 시신들이
묻히고 있다. (출처 : 뉴시스)

확진자와 사망자가 급증하는 미국 플로리다 영안실
(출처 : 로이터=연합뉴스)

코로나19는 2019년 12월 중국(中國) 후베이성(湖北省) 우한시(武汉市)에서 처음 확인된 중증 호흡기 증후군이다.

세계보건기구는 2020년 1월에 국제적 공중보건 비상사태를 선언하였고, 3월에는 팬데믹 즉 세계적 범유행으로 격상시켰다.

2022년 3월 기준으로 4억 6,000만 명 이상의 확진자와 608만 명 이상의 사망자가 발생했다. 2023년 11월 기준으로는 700만 명 이상이 사망했다.

[격암유록 예언]

怪[1]氣陰毒重病死로 哭聲相接末世로다
괴   기음독중병사   곡성상접말세

無名急疾天降灾[2]에 水昇火降모르오니
무명급질천강재   수승화강

積尸如山毒疾死로 塡[3]於溝壑無道理에
적시여산독질사   전   어구학무도리

- 「말중운(末中運)」

[해석]

괴상하고 기이한 기운(怪氣)의 독성(毒)으로 중병(重病)을 앓다가 죽게 되니 울음소리인 곡(哭)소리가 서로서로 가까이 근접(相接)해서 울게 되니 말세(末世)로다.

이름 없는(無名) 질병으로 빠르게 전염(急疾)되는 질병이며 하늘에서 내리는 재앙(天降災)이다. 죽은 사람의 시체(尸)가 산처럼 쌓여(如山) 죽게 되느니라. 시체가 구덩이에 쌓여 구덩이(壑: 구덩이 학)와 도랑(溝:도랑 구)을 채우게(塡) 되니 도(道)가 없는 이치로다.

◆ <u>500년 전 이조 13대 명종 때 남사고</u>
  <u>(1509~1571)의 『격암유록』 원문</u>
(국립중앙도서관 도서목록 古1496-4号)

---

1) 怪 = 怪 (기이할 괴, 괴상할 괴)
2) 灾 = 災 (재앙 재)
3) 塡 : 채우다, 메우다 = 鎭

서울의 봄 예언

(전두환 정권 출현과 부마사태, 김종필 물러남, 삼청교육대, 전국 데모,
무리들은 입조심하라)

전두환과 신군부 세력

부마항쟁 당시 투입된 진압 병력

책 「김종필 증언록」   제13대 국회의원선거 포스터

삼청교육대

진압대에 맞선 마산역에서의 시위

얼마 전 개봉한 영화 〈서울의 봄〉이 관객수 1천3백만 명을 넘어서며 공전의 히트를 기록한 바 있다. 〈서울의 봄〉은 1979년 12월 12일 수도 서울에서 일어난 신군부 세력의 반란과 이를 막기 위한 일촉즉발의 9시간을 그린 영화이다.

그런데 더 엄청난 것은 영화의 배경이 된 역사적 사실들이 이미 500년 전 『격암유록』에 예언되어 있다는 사실이다. 이것을 어느 누가 놀라지 않을 것인가.

o **전두환** - 경상남도 합천 출신. 신군부 수장으로 10·26과 12·12사태 그 중심부에 있음.

o **김종필** - 9번 국회의원과 2번의 국무총리를 역임한 '영원한 2인자'라는 별칭을 갖고 있는 김종필은 12·12 사태 이후 1980년 5월 18일 신군부에 의해 부정축재자로 보안사에 체포, 구금된다.

1980년 9월 신군부 압력으로 정계를 은퇴하게 되고 부정축재자로 재산을 환수당한다.

1987년 6·29선언이 발표되어 전두환 대통령이 물러날 시점에 대통령직선제가 부활하자 김종필(8%)은 대통령 선거에서 김영삼(28%), 김대중(27%)에게 밀리게 되고 영원한 2인자로 남게 된다.

o **부마민주항쟁** - 1979년 10월 16일부터 10월 20일까지 부산직할시와 마산시 등의 지역에서 일어난 민주화 운동이다. 당시 계엄령이 선포되어 육군 특전사 예하 제1공수특전여단과 제3특전여단, 해군 제1해병사단 병력이

계엄군으로 2,000여 명이 투입되었다. 당시 국군 보안사령관인 전두환은 강경한 진압을 계획하고 실행했다. 그 이후 79년도 10·26사태, 12·12사태를 거쳐 1980년 5·18 광주 민주화 운동 '서울의 봄'을 맞게 된다.

ㅇ **삼청교육대** – 대한민국 제4공화국 말기인 1980년 8월부터 1981년 1월까지 국가보위비상대책위원회(약칭 국보위) 위원장이었던 전두환이 삼청계획 5호에 따라 만든 반인륜적 불법 기구로 줄여서 '삼청대'라고도 부른다. 삼청교육대의 '삼청'은 당시 서울특별시 종로구 삼청동에 위치한 국가보위비상대책위원회라는 명목으로 삼청동의 이름을 집어넣은 것이다. 그러나 치안 보호라는 명분으로 설립된 삼청교육대는 범죄자 외에도 무고한 시민까지 수용하여 불법적인 인권 유린을 자행했다. 법적 근거가 없고 위헌적인 초법적 징벌기구로, 수감 대상이 다르기는 하지만 실질적으로 정치범수용소로 여겨지고 있다.

[격암유록 예언]

慶全蹶起先發되어　馬山風雨自南來로
경전궐기선발　　　마산풍우자남래

熊潭魚龍從此去라
웅담어룡종차거

坊坊曲曲能坊曲요　是是非非足是非라
방방곡곡능방곡　　시시비비족시비

合해보세　天干地支　四九子丑 아니던가
합　　　　천간지지　사구자축

四九辰巳革新으로　三軍烽火城遇賊을
사구진사혁신　　　삼군봉화성우적

軍政錯難衆口鉗制　口是禍門滅身斧라
군정착란중구겸제　구시화문멸신부

98

◆ 500년 전 이조 13대 명종 때 남사고
(1509~1571)의 『격암유록』 원문
(국립중앙도서관 도서목록 古1496-4号)

[해석]

경상도 출신 전씨(전두환)가 궐기하여 세상에
등장, 마산이 있는 남쪽에서부터 그 기운을 몰
고 와 공주(웅진) 출신인 어룡(김종필)이 쫓겨
나게 된다.

전국 방방곡곡에서 데모가 일어나게 되고 군
사정권에서 삼청교육대를 만들어 어리석은 도
적 무리라는 죄명으로 무리들을 잡아들여 교
육시킨다.

군대와 정치(12 · 12사태)가 어그러지고 지극히
어려운 상황에 직면하게 되니 시민(무리)들은
입조심하라. 입이 화가 되는 문이요, 몸을 멸하
게 될 수 있느니라.

제 **03** 부

한반도 평화통일과
밝은 미래

한반도 통일대박

(통일지식재산권)

<통일 한국 지식재산권>

제공 : 박종배 박사(변리사)

지식재산 강국이 다음 세대의 지배자다. 21세기 국부(國富)는 지식재산이 좌우할 것이다. 훌륭한 아이디어가 한 나라의 경쟁력이자 온 국민이 먹고 살 수 있는 세상을 만들어주는 시대가 됐다. '보이지 않는'게 '보이는 것'을 지배하는 세상이 된 지 오래다. 세계는 지식재산권을 놓고 '총성 없는 전쟁'을 벌이고 있다.

미국과 중국이 패권을 다투는 핵심도 기술이다. 결국엔 지식재산권 싸움이다.

우리나라도 여러모로 보나 기술추격국이 아닌 기술선도국으로서 지식 재산 활용·보호에서 새로운 접근이 필요한 때다. 이런 시대 흐름에 발맞추어 선진국은 국가의 모든 역량을 집중시켜 강력한 특허 중시정책을 펴면서 미래 신성장 동력산업의 발굴·육성에 힘을 쏟고 있다. 고부가가치를 낼 수 있는 융합·복합산업으로의 전환을 꾀하고 있는 것이다.

이와 때를 같이하여 우리나라도 지식재산권 분야에서 눈부신 성장을 거듭하고 있다. 세계지식재산기구(WIPO)가 발표한 '2022 세계 특허 출원' 순위에서 단위 인구당 내국인 특허출원이 세계 으뜸이다. ▲특허출원 세계 4위 ▲세계 5대 특허청 협의체(IP5) 상임이사국 ▲국제특허출원(PCT) 공식 언어지정국 지위에 있다. 이런 성과를 바탕으로 "남북지식재산권 통합을 통해 대한민국의 성장을 넘어 글로벌 IP 허브국가를 꿈꾸며 '미래 먹거리'를 만들어 갈 수 있다고 생각된다.

남한의 첨단기술에 북한의 전통산업(굴뚝산업)을 융합하면 세계 어느 나라도 흉내내거나 따라올 수 없는 통일한국만의 새로운 성장산업을 이끌 수 있다. 나아가 이를 바탕으로 지재권 생태계를 갖추고 세계를 앞서 이끌면서 자랑스러운 한민족의 문화와 혼을 지구촌에 퍼트릴 수 있으리라 확신한다. 그렇게 되면 '통일한국에 대박'이 터질 것이다.

만약 한반도통일이 된다면 비용은 약 4,400조가 드는데 통일 이후의 이익은 약 1경 4,000조가 된다는 것이다. 이러한 경제적인 분야를 넘어서 한민족 한핏줄로서 하루빨리 통일을 앞당기는 데 우리 모두 한마음으로 최선의 노력을 해야 하는 것이 도리라고 생각한다.

홍익정신

(K-스피릿으로 전 세계를 선도)

미래학자들은 21세기 이후 앞으로 점차적으로 물질문명시대에서 정신문명시대로 이동하게 된다고 이구동성으로 말하고 있다. 물질문명시대에서 정신문명의 시대로 전환하는 것은 사회와 문화의 진보와 변화를 의미한다.

물질문명시대는 주로 경제적인 성장과 기술적인 발전에 초점을 둔 시대를 말하며, 소비와 생산의 중심이 물질적인 부분에 놓여 있는 상태를 의미한다.

그러나 정신문명의 시대로 전환한다는 것은 더욱 인간 중심적이고 정서적, 영적인 측면에 초점을 두는 시대로 나아가는 것을 의미한다. 이는 더 나은 삶의 질, 사회적 통합, 문화적 발전, 개인의 심리적 안녕과 만족을 추구하는 방향으로 나아가는 것을 의미한다.

정신문명의 시대로 전환하기 위해서는 다양한 측면에서의 변화와 노력이 필요하다. 예를 들어 교육과 문화 환경의 개선, 윤리적인 가치와 사회적 책임의 중요성 강조, 정신적인 건강과 안녕을 위한 지원 체계 구축 등이 필요한 요소들이다.

　정신문명의 시대로 전환함으로써 우리는 더욱 인간다운 삶을 실현하고, 사회적인 공평과 평화, 문화적인 다양성을 존중하는 사회를 구축할 수 있을 것이다. 이는 지속 가능한 발전과 인간의 복지를 추구하는 데 중요한 역할을 할 것이다.

　전 세계의 냉전과 갈등, 대립과 분리를 극복하고 이념과 사상, 종교, 인종, 국경을 초월하여 서로를 위해 공생을 실현할 핵심은 우리나라의 고대 정신문명으로 자리 잡고 내려온 홍익정신이다.

　세계를 거대한 생명그물로 보고 전체를 이롭게 하는 것이 자신을 이롭게 한다는 정신을 근간으로 우리나라가 세워졌다는 사실에 큰 감동과 자긍심을 느낀다.

　홍익은 자비, 인, 사랑이 추구하는 인성을 전제로 한다. 홍익은 사회적 실천과 그 결과를 강조한다. 실천을 통해 다른 사람들에게 도움을 주고 선한 영향을 미침으로써 세상을 바른 방향으로 바꾸라는 가르침인 것이다.

　홍익은 인간과 세상에 대한 사랑만이 아니라 더 큰 세상을 향해 나아가는 웅지와 자신감, 높은 기상이 들어 있다. 만물을 포용하고 세상을 널리 유익하게 하겠다는 의지가 담겨 있다.

　그러므로 수천 년 걸쳐 국민교육과 국가의 통치이념 역할을 할 수 있었던 이유이다.

　홍익은 단지 내 나라만 잘살자는 것이 아니라 모두를 이롭게 하자는 세계가 함께 공유할 수 있는 공생의 정신이다. 현재 인류가 직면한 문제들을 해결할 가장 필요한 정신이다.

이제는 사람과 다른 모든 생명체, 사람과 자연환경과의 건강한 관계를 회복하지 않고서는 생존 자체가 불가능한 시대가 되었다. 즉 널리 이롭게 할 대상이 사람만이 아니라 지구 전체로 확장된 것이다. 이제는 공생하는 것이 홍익하는 것이다.

홍익을 실천하기 위해서는 큰사랑과 웅지만이 아니라 크고 밝은 지혜가 필요하다. 개인뿐만 아니라 큰 집단, 나아가 세계 곳곳에서의 갈등과 대립은 어디서부터 풀어나가야 할까?

이 세상에 존재하는 모든 다양성에 공존의 권리를 인정하는 것이다. 세상에는 서로 다른 생각, 다른 문화, 다른 피부색, 다른 취향, 다른 국적과 다른 정치적 신념을 가진 80억 인구가 242개 국가에 존재한다.

이 사람들의 다양성을 인정하고 각자 서로의 권리가 있음을 인정하는 것, 그것이 이 문제를 푸는 열쇠라고 여겨진다.

누구나 피부색이나 국적, 종교적 신념에 상관없이 나와 같이 세상에 존재할 권리를 가지고 있다는 사실은 받아들일 수 있다. 그러한 권리를 인정하고 존중하는 것이 양심과 상식을 가진 사람의 기본 책무라고 본다.

이러한 생각의 전환만으로도 우리는 세계를 지금보다 평화롭고 건강하고 지속 가능하게 만들 수 있다.

3

교육이 바로 서야
나라가 바로 선다

교육기본법 제2조(敎育理念)

교육은 홍익인간(弘益人間)의
이념 아래 모든 국민으로 하
여금 인격을 도야(陶冶)하고 자주
적 생활능력과 민주시민으로서 필
요한 자질을 갖추게 함으로써 인
간다운 삶을 영위하게 하고 민주
국가의 발전과 인류공영(人類共
榮)의 이상을 실현하는 데에 이바
지하게 함을 목적으로 한다.

師 道 憲 章

오늘의 敎育은 개인의 성장과 사회의 발전과 내일의 國運을
좌우한다. 우리는 國民敎育의 受任者로서 존경받는 스승이요,
신뢰받는 先導者임을 자각한다. 이에 矜持와 使命을 새로이
명심하고 스승의 길을 밝힌다.

1. 우리는 弟子를 사랑하고 個性을 존중하며 한마음 한 뜻으로
   명랑한 學風을 조성한다.

1. 우리는 폭 넓은 敎養과 부단한 硏鑽으로 교직의 전문성을 높여
   국민의 師表가 된다.

1. 우리는 遠大하고 치밀한 敎育計劃의 수립과 성실한 실천으로
   맡은 바 책임을 완수한다.

1. 우리는 서로 협동하여 교육의 自主革新과 교육자의 지위향상에
   적극 노력한다.

1. 우리는 家庭敎育, 社會敎育과의 유대를 강화하여 福祉國家
   建設에 공헌한다.

1) 교육의 개념과 정의, 그리고 교육의 목적은 무엇인가

교육의 개념은 광의(廣義)적인 면에서 교육은 의도적(意圖的), 무의도적인 인간 형성 작용으로서 가르치고 배우는 모든 과정(학교교육, 사회교육, 가정교육 등 모든 유형의 교육을 포함)이며, 협의(狹義)적인 면에서 교육은 '인간 행동의 계획적, 의도적 변화'(학교교육에 국한한 조작적 정의)이다.

일반적으로 교육은 "피교육자의 천부적 소질과 능력을 개발하고 신장시켜 인간다운 인간을 형성하는 작용이며 보다 나은 사회개조를 위한 수단이다"라고 정의된다.

어원적 입장에서 보는 교육에 대한 정의를 본다면, 서양에서 교육이란 말은 라틴어의 Educare(에듀까레)에서 유래한다. 여기서 접두어 'E'는 '밖으로'라는 뜻이고 'ducare'는 '끌어내다'라는 뜻이다.

Education (英)
Education (佛) ⇐ Educare(라틴어) – E : 밖으로 / ducare : 끌어내다
Erziehung (獨)

즉 우리 안에 내재해 있는 본성인 양심을 밖으로 이끌어 내는 것이 '교육'이다.

양심(良心)은 도덕이나 윤리와 다르다. 도덕과 윤리는 상대적이며 사회와 문화, 역사적 상황에 따라 달라진다. 그러나 양심은 절대적이며 상황에 휘둘리지 않는다. 양심(良心)은 인간의 본성에 뿌리를 내리고 있기 때문이다.

<u>누구나 내재되어 있는 이 양심(良心)을 밖으로 이끌어 내는 것이 교육이다.</u>

교육의 목적은 <u>헤르바르트</u>(J.F.Herbart)에 의하면 "도덕적 품성의 도야"라고 정의하고 있다.

칸트는 교육의 목적을 "교육은 인간을 인간답게 형성하는 작용이며 현실적 존재를 이상적 당위로 화(化)하는 일이다"라고 정의하고 있다.

근대교육의 아버지로 불리는 체코슬로바키아의 교육사상가인 <u>코메니우스</u>(1592~1670)는 교육의 목적을 "신(神)과 더불어 영원한 행복을 누리는 것"이라고 하였고 세계적인 교육학자 <u>빌만과 마리탱</u>은 교육의 목적을 "교육은 신(神)의 의사를 실현하는 과정"이라고 하였다.

동학은 창시자인 수운 최제우(1824~1864), 2대 해월 최시형, 3대 의암 손병희에 의해 '천도교'로 개편되면서 '인내천(人乃天, 사람이 곧 하늘이다)'을 종지로 내세우며 '사인여천(事人如天, 사람 섬기기를 하늘과 같이 하라)'을 강조하고 있다.

<u>사람은 누구나 이러한 천심이며 인간의 본성인 양심이 있기에 우리는 모두 위대한 존재가 될 수 있는 가능성이 있다.</u> 부인할 수 없는 양심이 있기에 개인적으로는 손실일지라도 진실한 쪽을 선택할 수 있다. 에고의 눈에는 비합리적이고 비이성적으로 보이는 이타적이고 창조적인 위대한 행동을 용감하고 대담하게 선택할 수 있다. 에고는 현명하지 못해서가 아니라 자신만을 생각하기 때문에 최선의 선택을 못한다.

양심(良心)은 모든 인간에게 내재해 있기에 양심이 있다는 것 자체가 우리를 특별히 위대하게 만들지는 않는다. 위대함은 양심의 존재를 인정하고

양심을 따르는 선택에 따른 행동을 하느냐의 여부로 결정된다. 절대적인 진실함과 그 진실함의 표현인 양심은 우리 모두의 내면에 있다. 이를 인정하는 것이 '지혜'요, 삶 속에서 실천하는 것은 '덕(德)'이다.

사람이면 누구나 내재되어 있는 인간의 본성이며 천심인 양심(良心)을 밖으로 이끌어 내는 것이 교육이라고 생각한다. 일찍이 맹자도 말씀하시길 "학문지도는 무타라, 구기방심이 이이니라(學問之道는 無他라, 求其放心이 而已니라)" 하셨다. 즉 학문의 도(道)라는 것은 다른 것이 아니고 사람이 그 놓아버린 마음인 양심(良心)을 다시 찾는 것일 뿐이라는 것이다.

최근 교육 현장에서 책임이 뒷받침되지 않는 상태에서 인권만이 너무 강조되어 학생 지도에 많은 어려움이 있다. 부모에 대한 효도(孝道)와 스승에 대한 존경(尊敬)문화가 정착되기를 바라며 하루빨리 인성(人性)이 되살아나야만 대한민국의 앞날이 밝아지리라 확신한다.

2) 교육은 홍익인간의 이념 아래

홍익인간이 교육이념으로 명시되어 있는 것은 교육기본법 제2조이다.

[교육기본법 제2조(교육이념)]

교육은 홍익인간(弘益人間)의 이념 아래 모든 국민으로 하여금 인격을 도야(陶冶)하고 자주적 생활능력과 민주시민으로서 필요한 자질을 갖추게 함으로써 인간다운 삶을 영위하게 하고 민주국가의 발전과 인류공영(人類共榮)의 이상을 실현하는 데에 이바지하게 함을 목적으로 한다.

'교육은 홍익인간의 이념 아래'로 명시된 교육기본법에 따라 모든 교과서는 홍익인간 이념을 추구해야 한다. 홍익인간이 문재인 정권의 교과서에서 삭제된 것은 위법행위인데도 관심을 둔 언론이나 사람이 별로 없었다.

식민사학 유풍의 역사 교육으로 홍익인간이 교육기본법에 법적으로 명시되어 있다는 사실조차 모르거나 홍익인간 교육이 제대로 되어 있지 않았기 때문이다.

민O배 국회의원을 위시한 국회의원 12명이 교육이념인 홍익인간을 삭제하고 민주시민으로 바꾸자고 하였다. 이것은 "홍익인간의 이념 아래~ 민주시민으로서 필요한 자질을 갖추게 함으로써…"라고 교육기본법에 민주시민이 명시된 것을 간과한 무지의 소산이다.

민주시민교육을 중시하고자 하면 '홍익인간 양성을 위한 민주시민교육'이라고 하면 교육기본법에 충실한 것이 된다. 그런데도 홍익인간을 교육기본법에서 삭제하고자 한 것은 조선총독부에서 가장 중점을 둔 단군말살과 같다. 단군이 부활하거나 단군사화로 교육이 되면 민족말살정책이 성공할 수 없고 독립운동가들이 양성되기 때문에 조선총독부에서 가장 중점을 두고 단군말살과 단군신화 교육을 한 것이다.

민O배 의원은 홍익인간의 뜻이 어렵다고 한다. 교육이념인 홍익인간의 뜻도 제대로 모르는 사람이 국회의원이 될 수 있는 것은 우리 교육과 사회가 식민사학 유풍의 역사교육으로 가치관이 오도되어 있기 때문이다.

홍익인간 이념은 인종과 종교, 이념과 국경을 초월하여 "누구든지 내 몸처럼" 여기는 불교에서의 '자타불이(自他不二)' 사상과 일맥상통한다고 볼 수 있다. 한마디로 <u>전 세계 인류 80억, 242개국 모두를 하나로 만들 수 있는 교육철학</u>이라고 감히 말할 수 있다.

3) 교육은 사람을 바꾸고 사람은 세상을 바꾼다
최초의 교실은 가정이다

말은 생각의 발현이다. <u>긍정적이고 행복한 생각이 긍정적이고 행복한 말을 만든다.</u>

부드러운 혀는 뼈도 녹일 수 있다. 실제로 인간의 말과 행동은 미묘하고 변하기 쉬운 것이다. 미워하는 것도, 좋아하는 것도 모두 다 내 마음에 달렸다. 마음이 마음을 안다. 남을 미워하면 저쪽이 미워지는 게 아니라 내 마음이 미워진다. 부정적 감정이나 미운 생각을 지니고 살아가면 그 피해자는 바로 나 자신이며 내 삶 자체가 얼룩지고 만다.

<u>미움과 불평과 열등감과 우월감에서 걸어 나오면 좋겠다.</u> 우리는 인간관계를 통해 삶을 배우고 나 자신을 닦는다. <u>우리 서로 행복의 에너지가 넘쳐 기분 좋은 사람들이라면 정말 좋겠다.</u>

사람에겐 반드시 꾸짖어 주는 이가 있어야 한다. 인생 최고의 행운은 스승을 만나는 일이다. 지금 이 나라에 선생은 많아도 스승은 없고, 학생은 많아도 제자는 없다고 한다.

<u>선생의 가장 큰 보람은 내가 가르치는 아이가 내가 하지 못한 위대한 일, 세상을 바꾸는 일을 할 수도 있다는 희망에 있다.</u>

지금까지 스승의 그림자는 밟지도 않는다고 군사부(君師父)일체를 숭상

했던 우리 교육 현장이 참담하기만 하다. 교권은 땅바닥에 처박히고 일부 학부모의 갑질은 범죄 수준이다. 그 학생이 자라서 선생이 되고, 선생은 또 학부모가 된다.

길거리로 내몰린 교사들의 절규가 귀를 때린다. 선생님이 살아야 내 자식도 산다. 교사로서 삶이 고단하고 지쳐 무기력해질 때 선생님 곁에서 위로가 되고 힘이 되도록 넓은 그늘이 되고 시원한 바람이 되어주는 세상이길 빌고 또 빈다.

선생님의 자긍심이 흔들림 없도록! 선생님이 행복해질 때까지!

– 윤현수(공주사대부고 교장)

목백일홍

도종환

피어서 열흘 아름다운 꽃이 없고
살면서 끝없이 사랑받는 사람 없다고
사람들은 그렇게 말을 하는데

한여름부터 초가을까지
석 달 열흘을 피어 있는 꽃도 있고

살면서 늘 사랑스러운 사람도 없는 게 아니어

함께 있다 돌아서면

돌아서서 다시 그리워지는 꽃 같은 사람 없는 게 아니어

가만히 들여다보니

한 꽃이 백일을 아름답게 피어 있는 게 아니다

수없는 꽃이 지면서 다시 피고

떨어지면 또 새 꽃봉오릴 피워 올려

목백일홍 나무는 환한 것이다

꽃은 져도 나무는 여전히 꽃으로 아름다운 것이다.

제 안에 소리 없이 꽃잎 시들어 가는 걸 알면서

온몸 다해 다시 꽃을 피워내며

아무도 모르게 거듭나고 거듭나는 것이다

4) 교육이 제대로 되려면 교권이 바로 서야

교권 추락 더 이상 방치하면 안 돼

- 우정렬(前 혜광고 교사 / 조선일보 2023.5.10)

오는 2023년 15일은 제42회 스승의 날이다. 예전에는 전국 40만 교원들은 제자들이 달아주는 카네이션에 가슴이 뭉클해지고 '스승의 은혜' 노래

에 참다운 스승의 길과 올바른 교육이 무엇인지 생각에 잠기곤 했다. 그런데 요즘 사교육 팽창으로 공교육이 불신받는 데다 대부분의 교사는 급변하는 교육 환경에 자긍심을 잃어버리고 있다. 교사들은 자주 바뀌는 대학 입시 제도와 교육과정, 교원평가제나 성과급 지급 등으로 인한 교원 간 갈등, 학생 인권은 강조되고 점차 위축되는 교권(敎權) 등으로 잔뜩 움츠러들고 있다. 열성적으로 학생을 가르치려는 교사들이 줄어 교육다운 교육이 이루어질지 우려스럽다. 학생들이 수업을 방해해도 별다른 제재 방법이 없다. 잠을 자고 게임을 하는 학생을 나무라거나 머리라도 쥐어박으면 체벌로 몰려 불이익을 받으니 어느 교사가 열정적으로 교육에 임하겠는가. 그래서 정년을 남기고 명예 퇴임을 하거나 학생·학부모에게 고발당할 것을 우려해 私보험을 드는 경우도 있다. 교사들 사이에서 하루에도 수십 번 '참을 인(忍)'을 되뇌어야 한다는 얘기가 나온다.

교육 현장에서는 교사에게 수업권을 보장해야 한다. 학생들에게 약간의 제재를 했다고 폭력 교사로 몰린다면 제대로 된 수업이나 학생 지도가 될 리 만무하다. 최근 학부모·학생들의 교사 폭행 사건과 폭언은 심각한 교권 침해이자 교원 사기 저하의 근본 원인이 되고 있어 대책 마련이 시급하다. 더구나 스승의 날에 고마움과 감사의 표시인 카네이션이나 손수건 같은 조그만 선물마저 금지하면 교사들의 사기는 어떻게 되나. 배움의 단계에 있는 학생들이 감사와 은혜조차 모르게 되지 않을까 걱정된다. 학생들에게 가르칠 것은 제대로 가르치는 것이 참된 교육이다.

"학교 관둘까"… 교사 87% 사직 고민

- 박성민 기자(동아일보 2023.5.11.)

학부모 민원-학생 폭력 등 교권추락

4명 중 1명, 5년 내 정신과 치료-상담

낮은 봉급에 업무 부담까지 겹쳐

교대-사범대까지 여파…"국가 책임"

인천의 4년 차 초등교사 A 씨는 지난해부터 우울증 치료를 받고 있다. 학교폭력으로 징계를 받은 가해 학생의 어머니가 A 씨를 "아동학대로 신고하겠다"며 밤마다 협박성 문자를 보냈기 때문이다. A 씨는 자신에게 폭언을 퍼붓는 가해 학생을 자제시키려 손목을 잡았을 뿐인데 학부모는 "교사가 아이를 위협했다"고 주장했다. A 씨는 "어려서부터 선망했던 교직인데 이젠 학교에 가는 것조차 두렵다"고 말했다.

● 민원-교권 침해에 떠나는 교사들

학부모의 각종 민원, 학생의 폭력 등 교권 침해에 시달리는 교사들 상당수가 교직을 그만두는 것을 고민하고 있다. 교권 추락의 여파는 교대, 사범대에 재학 중인 예비 교사들에게도 이어져 중도 이탈과 교대 합격선 하락으로 나타나고 있다.

10일 교사노동조합연맹(교사노조)이 발표한 현직 교사 대상 설문조사 결과에 따르면 응답한 교사 중 87%가 최근 1년 새 사직이나 이직을 고민한 것으로 나타났다. 교사노조가 스승의 날을 맞아 전국 유·초·중·고 교사 1만 1,377명을 조사한 결과다. 교사노조는 전국교직원노동조합(전교조) 내부에서 개혁을 요구하던 일부 조합원들이 전교조를 탈퇴한 뒤 2016년 결성했다. 첫 명칭은 '서울교사노조'였다가 현재의 교사노조가 됐다. 전체 조합원(약 7만 3,000명)의 68%가 20, 30대로 젊은 교사들이 주축이다.

이번 설문 응답자 중 26.6%는 최근 5년 내 정신건강의학과 치료나 상담을 받은 경험이 있었다. 경기의 5년 차 초등교사 이모 씨는 학부모에게 '정서학대'로 신고당한 뒤 극단적 선택까지 생각했다. 학부모는 이 씨가 자신의 자녀만 차별한다며 심리치료 비용을 요구했다. 이 씨가 응하지 않자 학부모는 그를 경찰에 고소했고, 무혐의로 종결됐다. 이 씨는 "교단에 서면 과호흡 증세가 나타나 두 달간 병가를 냈다. 지금도 어떤 학부모 민원이 들어올지 몰라 늘 불안하다"고 말했다.

교권 추락에 낮은 봉급, 업무 부담까지 겹치면서 학교를 떠나는 젊은 교사도 적지 않다. 국회 교육위원회 소속 권은희 국민의힘 의원이 교육부에서 제출받은 자료에 따르면 2017~2021학년도에 퇴직한 5년 차 미만 국공립 초중고 교사는 1,850명이다. 서울의 한 3년 차 중학교 교사는 "더 늦기 전에 법학전문대학원이나 의대 입학시험을 보겠다는 교사들이 꽤 있다"고 말했다.

● **교대 중퇴생 4년 새 2.8배로 늘어**

최근 정부가 장기적으로 교사 수를 줄이겠다는 계획을 발표하면서 예비

교사들의 불안감도 커졌다. 정부는 교원 신규 채용 규모를 2027년까지 약 28% 줄일 계획이다. 초교 교사 임용시험 합격률은 2017년 69.5%에서 지난해 48.6%까지 떨어졌다. 올해 임용시험을 준비 중인 교대생 김모 씨(25)는 "임용이 늦어지는 사이 박봉의 기간제 교사로 일하는 선배들을 보면 자긍심만으로 교단에 설 수 있을지 자신이 없어진다"고 말했다.

대학을 떠나는 예비 교사들도 늘어나고 있다. 전국 교대 10곳의 중도 자퇴생과 미등록 신입생 수는 2017학년도 120명에서 2021학년도 338명으로 4년 새 약 2.8배로 늘었다. 교대 가운데 입학 성적이 높은 서울교대도 같은 기간 14명에서 51명으로 급증했다. 지난해 수도권의 한 교대에 합격했다가 등록을 포기하고 재수를 준비 중인 정모 씨는 "교대를 졸업하면 교사 외 다른 직업을 갖기도 어려운데, 처우는 다른 전문직보다 크게 떨어지는 걸 보고 교사의 꿈을 접었다"고 말했다. 박남기 광주교대 교육학과 교수는 "정부가 학령인구 감소에 맞춰 교대 정원을 조정해야 했지만, 10년째 손대지 않았다"며 "이로 인한 임용 적체는 결국 국가의 책임"이라고 비판했다. 그는 "교원의 지위나 처우가 더 이상 홀대받지 않도록 학교 현장을 정상화시켜야 교사의 위기, 교대의 위기를 막을 수 있다"고 말했다.

출처 : 연합뉴스

5) 교육은 백년지대계 (스승존경문화가 정착되어야)

교육은 <u>미성숙한 아동을 성숙한 방향으로 의도적으로 교육하는 것이다.</u> 그러나 최근 학교 현장에서는 선생님들께서 학생을 제대로 지도할 수 없는 지경에 이르렀다. 왜냐하면 인권조례와 아동학대법을 적용하여 학부모님과 학생들이 악성 민원을 제기하여 조금도 지도할 수가 없는 상황이 되었기 때문이다.

<u>선생님이 학생 지도하다가 아동학대법 적용으로 인한 악성 민원으로 심한 모욕과 자존감을 잃고 극단적인 선택을 하여 자살을 하게 된 분이 최근 5년간 100명이 넘었다.</u> 스승의 그림자도 밟지 않으려는 스승존경문화가 사라진 지 오래되어 너무 마음이 아프다.

분명히 밝히지만, <u>대한민국의 미래는 그 중심에 교육이 있고 교육은 스승존경문화가 자리잡혀서 참다운 교육이 될 때 대한민국의 앞날이 밝게 빛을 발하게 된다고 확신한다.</u> 학생과 교사, 학부모가 하나가 되어 서로 존중하고 신뢰하고 존경해야 참다운 교육이 뿌리를 내릴 수 있다고 생각한다.

<u>첨단과학이 발달하여 AI, 로봇, 챗GPT 등이 나온다고 해도 교육에서 가장 중요한 것은 인성교육이다.</u> 정의, 사랑, 감사, 겸손, 예의, 효와 나라사랑, 봉사와 배려 등 <u>서로 함께 도와주고 더불어 협력하여 함께 잘 살아가려는 양심이 우리 모두의 가슴에서 살아 움직일 때, 이 사회를 살아가며 실천할 때 진정한 참다운 교육이 정착되었다고 할 수 있다.</u>

국회 앞에서 교육법 통과 시위 중 (KBS1 9시 저녁뉴스, 가운데 필자, 2023. 9. 13. 수.)

한국중등교장협의회 교육정책간담회
(앞줄 왼쪽에서 3번째 필자, 우측으로 강승규 전 대통령비서실 시민사회수석, 정성국 교총회장)

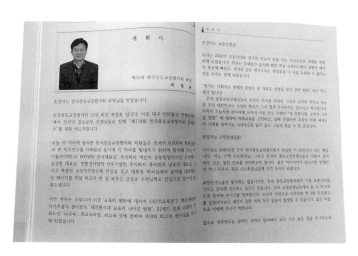

제118회 한국중등교장협의회 동계연수 '개회사'

2023년 교총 신년교례회
(앞줄 왼쪽에서 6번째 필자, 우측으로 이주호 교육부장관, 정성국 교총회장, 이배용 국가교육위원장)

6) 성명서 (서울 서이초 교사 사망에 대한 성명)

성 명 서

한국중등교장협의회

서울 서이초등학교 교사 사망에 대한 성명

교권침해와 학부모 악성민원 근본대책 마련하라!!

실질적 교권보호 대책 마련과 법 개정에 정부·국회 나서달라

■ 주요 요구 내용

▶ 서울 서이초교사의 사태에 대한 철저한 진상조사 요구

▶ 현행 학생인권조례 폐지, 전면 재정비!

▶ 무분별한 아동학대 신고, 악성민원학부모에 책임 묻는 법·제도 마련!

■ 교장회 공동 결의사항

▶ 교권침해사항에 대한 현행 법·제도 최대 활용하여, 소속학교의 교원보호에 최선을 다할 것과 교권이 존중 받는 문화 조성

1. 한국중등교장협의회(회장 최정용)는 7.18일(화) 서울 서이초등학교 선생님의 극단적인 선택과 관련하여, 고인이 겪었을 고통을 생각하면 비통함을 금할 수 없으며 전국의 모든 교육자와 함께 삼가 고인의 명복을 간절히 빈다.

2. 교장회 일동은 작금의 상황을 한 교사의 참담한 교권침해를 넘어 전체 공교육의 붕괴로 엄중히 받아들인다. 따라서 교장회 일동은 무분별한 아동학대 신고와 무고성 악성 민원이 더 이상 발 붙일 수 없도록 모든 수단을 동원해 총력 대응할 것임을 분명히 선언한다.

3. 먼저 스스로를 돌아보며 책임을 통감하는 한편, 학부모의 악성민원으로부터 무기력하게 당할 수밖에 없는 현 제도적 문제의 근본적인 개선을 촉구한다.

4. 첫째, 교육의 시작은 선생님이 존중받고 교권이 확립될 때 가능하다. 지금과 같은 무기력한 교실에서 깨어있는 수업은 공염불일 뿐이다. 따라서 왜곡된 인권의식과 과도한 학생인권조례로 인한 교실붕괴와 교권추락 현실을 반드시 바로잡기 위해 현행 학생인권조례의 폐지, 전면 재정비를 촉구한다.

5. 학생인권조례는 서울, 경기 등 6개 시도에서만 제정, 시행되고 있을 뿐이지만 '과잉인권'의 부작용은 전국 시도, 모든 학생에게 미치고 있다. 학생 개인의 권리만 부각하고 왜곡된 인권 의식을 갖게 하는 학생인권조례

때문에 교권이 추락하고 있다. 실제 인권에 대해 가장 민감한 미국 뉴욕의 '학생 권리 및 책임 장전'과 비교해볼 때에도 뉴욕시 학생 권리 및 책임 장전은 학생 권리 부여에 따른 의무와 책임 조항이 매우 자세하고, 이를 이행치 않으면 학교(학교장)가 징계를 할 수 있는 반면 서울 학생인권조례는 권리만 수없이 나열했을 뿐 책무는 일부, 선언적 문구에 불과하다. 또한 두발, 복장 등의 개성 실현 권리, 소지품 검사 금지, 휴대폰 사용 원칙적 허용 등의 규정은 다른 학생의 수업권과 인권을 보호하기 위한 기본적인 생활지도조차 못하도록 조례가 강제하는 꼴이며 학교 구성원이 자율적으로 정하는 학칙을 무시하고 자율성을 침해하는 것일 뿐만 아니라 미성년 학생에 대한 교육적 보호·제한조차 무력화 시키고 있다.

교장회 일동은 학생의 인권이 존중돼야 함을 결코 부정하는 것이 아니라 권리와 책임이 균형을 이루고 교권과 조화를 이뤄야 한다는 것임을 강조하면서, 모든 학생의 학습권을 보호하고 교원의 교육활동을 보호하는 방향으로 현행의 학생인권조례는 폐지하고, 권리와 책임이 조화를 이루는 방향으로 전면 재검토해야 함을 강조한다.

6. 둘째, 무분별한 아동학대 신고, 무고성 악성 민원을 제기한 학부모에 대해 응당한 책임을 묻는 법·제도 마련을 강력히 요구한다! 교원들은 단순 의심만으로 아동학대 신고를 받아도 지자체 조사와 경찰 수사를 이중으로 받으며 수업 배제, 담임 박탈, 강제 휴가 등의 조치까지 감내해야 한다. 무혐의 처분을 받더라도 교원은 소송비 부담에 심신까지 황폐화 되는데 학부모는 아무런 책임도 지지 않는다. 그런 사실을 아는 학부

모들이 노골적으로 민원, 아동학대 신고를 하겠다며 협박을 일삼는 현실이다. 우선적으로 무분별한 아동학대 신고, 악성민원 등 중대한 교권침해에 대해서는 시도교육청이 반드시 수사기관에 고발해 학교와 교원을 보호하고 사회에 경종을 울릴 것을 촉구한다.

7. 아울러 교장회 일동도 교실붕괴, 교권침해의 현실에 적극 대처해 나갈 것을 천명한다. 우리 선생님들의 교권을 보호하고 모든 아이들의 학습권을 보장하기 위해서 교권침해사건 발생시, 현행 법·제도가 허용하는 한 가장 강력한 교권보호조치를 교육청에 요청할 것이다. 우선 단위학교 내 학교교권보호위원회를 적극 활용하여 일차적으로 교권이 침해된 학교내 교사를 최대한 보호할 것이다.

최근 교총의 긴급설문조사에 따르면 허위·반복된 민원이나 신고에 대해 교육청이 강력 대응(무고죄, 업무방해죄 고발)하는 것에 99.8%의 교원이 동의했다. '매우 동의'가 97.5%에 달할 만큼 교원들은 악성 민원에 따른 업무 방해와 스트레스에 시달리는 것으로 나타났다. 교권침해 학부모에 대한 실효성 있는 조치(과태료 부과 등)가 가능하도록 관련 법령을 개정하는 것에 대해서도 99.3%가 동의했다. 이와 관련해 형사처벌규정에 해당하는 교권침해에 대해 교육청이 수사기관에 고발하도록 한 교원지위법 조항이 제대로 지켜지느냐는 물음에 97.1%가 '지켜지지 않는다'고 응답했다. 이에 교장회 일동은 상해·폭행, 성범죄, 불법정보유통행위 등 교원지위법 제15조에 따른 교권침해사건에 대해서 피해교원의 요청에 즉시 부응하여 형사고발과 법적 소송의 대리를 교육청에 강력히 요청할 것이다.

8. <u>우리 교장회 일동은 선배 교육자로서 더 이상 교육자라는 이름으로 감내하고 참으라고 하지 않을 것을 천명한다.</u> 교사가 무너지면 교실이 무너지고, 교실이 무너지면 학생들의 미래도 무너지기 때문이다. 우리가 처음 교단에 서면서 다짐했던 헌신의 마음이 교단을 떠나는 그 순간까지 지켜질 수 있도록 교장회 일동은 <u>모든 힘을 다해 우리 교사를 지키고, 학교를 지키기 위해 맞설 것이다.</u> 끝. (2023년 8월 1일)

서울 서이초등학교 박인혜 선생님을 추모하며

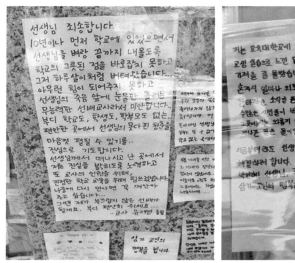
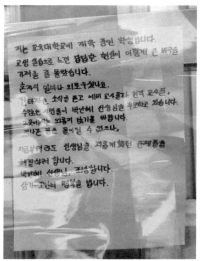
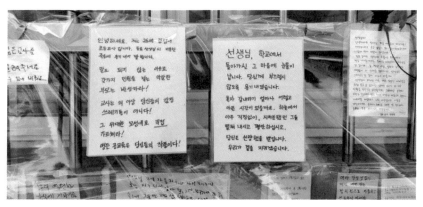

서이초 박인혜 선생님 추모글 게시판

평화통일은
우리 모두의 갈망(渴望)

한반도 평화통일은 매우 중요하고 복잡한 과정을 요구하는 문제이다. 다양한 이해와 협력이 필요한 동시에 주변 국가 및 국제사회의 지지와 협조도 중요하다. 아래는 한반도 평화통일을 위한 일부 자세를 설명해 놓은 글이다.

1) 대화와 협상 : 평화통일을 위해서는 대화와 협상의 의지가 필요하다. 각각의 이해 관계자들이 서로의 관점을 이해하고 대화를 통해 공동의 목표를 도출하는 과정이 중요하다.

2) 상호 신뢰 구축 : 한반도 평화통일을 위해서는 상호 신뢰를 구축하는 것이 필수적이다. 이는 과거의 갈등과 불신을 극복하고, 상호적인 협력과 이해를 바탕으로 발전해야 한다.

3) 경제적 통합 : 경제적 통합은 평화통일을 위한 중요한 요소 중 하나이다. 경제적인 협력과 교류를 통해 한반도의 경제 발전과 상호 의존성을 증진시키는 것이 중요하다.

4) 문화 교류 : 문화 교류는 한반도 평화통일을 위한 소통과 이해를 도모하는 데 중요한 역할을 한다. 문화적인 교류와 국민 간의 접촉을 통해 서로의 문화를 이해하고 공유함으로써 평화통일의 기반을 강화할 수 있다.

5) 국제사회의 협력 : 한반도 평화통일은 국제사회의 협력과 지지도 필요하다. 국제사회의 관점과 지원을 받아 한반도 평화와 안정을 추구하는 과정에서 국제적인 협조와 도움이 필요하다.

가운데가 김영호 통일부장관, 우측 두번째가 필자

글로벌 사이버대 초청으로 토크콘서트 진행. 2024. 3. 11

한반도 평화통일은 복잡하고 오랜 시간이 걸리는 과정일 수 있다. 하지만 이를 위해 서로를 이해하고 협력하는 노력이 계속되면, 평화로운 통일된 한반도를 상상할 수 있다.

통일을 향한 추동력(推動力)이 커지고 있는 상황에서 미국, 동북아시아 그리고 세계와 함께 한국인이 직면한 가장 중요한 전략적 질문은,
"우리는 어떤 통일을 이루어야 하는가?", "우리는 새로운 한국이 어떤 나라가 되길 바라는가?"가 될 것이다.
이것이 바로 한반도의 미래를 결정하는 나침반이다.

한반도 평화통일 접근방식은,

첫째, 한국인들은 통일에 대해 "널리 인간을 이롭게 하라"는 홍익인간의 건국이념에 기반을 둔 이상적인 국가를 건설할 기회로 이해해야 한다. 이 비전은 반만년 간 쌓아온 공통된 전통과 역사적, 문화적 유산을 우리 모두에게 상기시켜 준다.
즉, 70여 년 분단의 세월이 5,000년 이어온 남북 공통된 유산을 재규정지을 수 없다. 따라서 분열과 갈등에서 벗어나 인류 평화와 번영에 이바지하는 새롭고도 모범적인 평화통일을 이룬 새 국가를 건설하는 것이야말로 우리 8,000만 한민족의 거부할 수 없는 운명인 것이다.

둘째, 각계각층의 모든 8,000만 한민족이 적극적으로 동참하여 우리 민족이 원하는 평화통일과 새로운 국가에 대해 폭넓은 이해와 공감대 형성이

중요하다고 생각한다. 새로운 통일국가의 미래는 정치인들만이 일방적으로 결정해서는 안 된다. 학자, 정책전문가, 종교지도자, 법률가와 인권전문가, 경제전문가, 기업가, 교육자 등은 물론 일반 시민들의 적극적인 참여가 필수적이다. 이 모든 과정은 국민 모두가 결집된 시민대중의 힘으로 추진되어야 한다.

셋째, 한국이 주도하는 통일 과정에는 국제적인 지원이 반드시 있어야 한다. 우선 세계 곳곳에 자리 잡은 한인사회들이 자연스럽게 지원해 줄 것이다. 그 외에 국제적인 정책전문가들과 싱크탱크들의 협조와 점차적으로 더 많은 정책수립가들과 학자들, 기관들의 네트워크가 통일한국이라는 최종 목표를 이루는 데 적극적인 지원과 함께 공감대 형성이 되어야 한다.

넷째, 음악, 예술, 엔터테인먼트, 스포츠 등을 통한 문화의 힘을 활용해 통일한국에 대한 인식의 전환이 무엇보다도 중요하다. 민간인 차원에서 남북한 문화교류가 활발하게 진행된다면 점차적으로 자연스럽게 동질감과 함께 평화통일의 문턱에 성큼 다가서게 될 것이다.

대부분의 개발도상국들은 식민지배와 분단에서 벗어나고 지독한 가난에서 비약적인 발전을 이룬 대한민국의 경험에 대해 공감하고 있으며 자국의 미래에 대한 희망적인 모델로 삼으려 하고 있다. 한반도 평화통일은 성장과 번영의 새로운 모델을 찾고 있는 개발도상국들에게 영감을 줄 뿐 아니라 세계평화에도 크게 기여할 수 있다.

북한 바로 알기 토크 콘서트 중

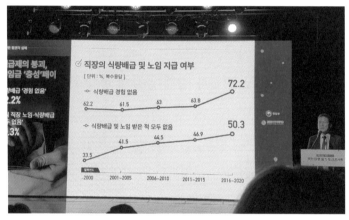
직장의 식량배급 경험이 72.2%가 없다고 설명하는 김영호 통일부 장관 (2024.3.11)

　지금 북한은 김일성, 김정일, 김정은 3대 세습 독재체제로 내려오면서 북한 주민에 대한 인권은 말살되고 있으며, 요덕수용소를 포함한 20여 개가 넘는 정치범수용소에 20여만 명이 있다고 한다.

　최근 이제 겨우 10살 된 딸 초등 4학년인 김주애를 4대 세습을 암시하며 국가적인 행사장마다 김정은이 동행하고 있다. 80 가까이 되신 고위급 북한 인사가 김주애한테 '샛별장군'이라 호칭하며 무릎을 꿇고 얘기하는 모습을 TV 뉴스를 통해 보고 있자니 한심하기 그지없다.

김정은은 자신의 독재체제를 공고히 하고자 고모부를 숙청하고 자기의 형도 독살한 사람이다. 아마도 북한 주민들은 다 알고 있을 것이다. <u>겉으로는 충성하는 것 같으나 이미 마음은 떠나고 있음을 언론매체를 통해 엿볼 수 있다.</u>

　만약 3살 먹은 어린아이가 깊은 우물가를 향해 기어가는 모습을 보면 다 말릴 것이다. 이것이 바로 '남의 불행을 불쌍히 여기는 마음'인 <u>'측은지심(惻隱之心)'</u>이다. 지금 우리가 바라보고 있는 북한 주민의 처지일 것이다.

　그래서 <u>개인의 독재체제에서 벗어나 자유민주주의의 자유를 맘껏 누릴 수 있도록 하루빨리 한민족 평화통일을 이루고자 하는 것이다.</u>

　북한의 주민 생활상을 쉽게 알아볼 수 있는 TV 프로그램이 있다. <u><이제 만나러 갑니다>, <통일전망대>, <남북의 창>, <모란봉 클럽> 등의 언론매체를 통해서 북한의 주민들도 남한의 자유민주주의를 그리워하며 속히 평화통일 되길 학수고대하고 있다.</u>

　여기에 <u>우리나라 민족예언서인 『격암유록』에 보면 머지않아 한반도가 통일된다는 내용이 있어</u> 8,000만 한민족에게 큰 희망을 불어넣어 주고 있다.

북한 인권 관련 언론매체 보도 모음

〈이제 만나러 갑니다〉 - 채널A

〈이제 만나러 갑니다〉 - 채널A

〈남북의 창〉 - KBS1

〈통일전망대〉 - MBC

〈모란봉 클럽〉 - TV조선

동아일보(2023.12.4) 기사 전문 ▼

북한군의 치명적 약점을 공략하라

주성하 기자의
서울과 평양 사이

남북 사이엔 군비경쟁이란 표현은 적합하지 않다. 경쟁은 비슷한 상대끼리 하는 것이다. 지난해 무역액 1조 4,151억 달러를 기록하고, 국방비로도 500억 달러 가까이 쓰는 대한민국과 지난해 무역액 15억 달러를 기록한 북한은 경쟁 상대가 될 수 없다.

그럼에도 북한은 여전히 한국을 도발하기 위해 자신들로선 감당하기 어려운 돈을 국방비로 쓴다. 정찰위성이 대표적이다. 그게 얼마나 쓸모가 있을진 모르겠지만, 김정은은 앞으로 여러 기를 더 쏘겠다고 호기를 부린다. 북한 정찰위성이 아무리 허접하다고 해도 그들의 형편에선 어마어마한 지출을 했을 것이다.

그뿐만 아니다. 9·19 군사합의 파기를 선언한 김정은은 전방에 강력한 무력과 신형 군사 장비들을 병영과 진지, 신형 장비를 숨길 갱도를 수없이

중국 관광객을 바라보며 해맑게 웃고 있는 북한 병사들. 많은 뇌물을 줘야 갈 수 있는 평북 신의주 인근 국경경비대임에도 영양 상태가 매우 좋지 않다. 동아일보DB

지어야 한다. 백성들 주머니를 탈탈 털어서 겨우 1년에 1만 가구 아파트를 짓는 북한에는 감당하기 버거운 일이 아닐 수 없다.

물론 우리도 뒷짐만 지고 있진 않는다. 내년 국방예산은 50조 5,885억 원으로 4.5% 증가했다. 올해 국내총생산(GDP) 증가율 2.2%의 두 배를 넘는 수준이다. '한국형 3축 체계' 강화에만 7조 1,565억 원을 투입하며 그 외 각종 무기 도입과 유·무인 복합전투체계 구축 등에 막대한 투자를 한다. 스텔스 전투기 F-35A 20대 추가 도입에도 3조 3,010억 원을 쓰는데, 단순 계산으로 1대에 1,650억 원씩 주고 사 오는 셈이다.

강력한 국방력은 당연히 중요하다. 그러나 국방예산을 보면 한 가지 크게 간과하는 것이 있다. 죽이고 부수는 것에만 골몰하다 보니 신형 무기를 사 오는 데만 초점이 맞춰져 있을 뿐, 북한군의 치명적인 약점을 공략하는 데는 소홀하다.

북한군은 그들의 고물 장비보다 더 치명적인 약점 두 가지를 갖고 있다. 우선 지휘 체계이다. 모든 부대에 부대장과 그 부대장에 대한 해임 권한을 가진 정치위원이 각각 있다. 그리고 이 둘을 다 자를 수 있는 보위부장도 있다. 이렇게 서로 견제하고 감시하기 위해 만들어진 북한군은 쿠데타를 막는 데는 최적이지만 전쟁을 치르기엔 치명적 약점을 갖고 있다. 비유하면 사장 3명을 둔 회사가 위기 상황에서 절대 잘 굴러갈 수 없는 것과 마찬가지다.

더 치명적인 약점은 따로 있다. 바로 군인들의 심리이다. 북한군은 수령을 위해 죽은 게 구호인 김정은의 가병 집단이다. 세계 어느 나라나 전쟁에서 패배하면 잃을 게 많다. 그런데 북한은 김정은과 측근 몇 명만 잃을 게 많다.

북한군은 장마당 세대가 주축이다. 키가 142㎝만 넘어도 8년 이상 군에 끌려가야 하는 북한 청년들은 통일되면 자신들이 배불리 먹고살 수 있으며, 해외여행도 마음대로 갈 수 있다는 것을 안다. 항복하면 본인뿐만 아니라 가족까지 행복하게 된다는 것을 아는 세대다. 그들은 겉으론 충성하는 듯 보여도, 실제론 김정은을 위해 죽고 싶은 마음이 없는 사람들이다. 이건 탈북해 온 사람들만 인터뷰해도 알 수 있다.

한반도에서 전쟁이 나면 북한군을 죽이는 데 집중하기보단 이들을 투항하게 만드는 데 더 집중해야 한다. 저항하면 죽음뿐이지만, 항복하면 당 간부보다 더 잘살 수 있다는 것을 알려줘야 한다. 유사시 "투항하면 중대장 30만 달러, 소대장 10만 달러, 병사 5만 달러씩 포상금을 준다"는 전단을 수없이 뿌린다면, 수십만 달러짜리 미사일로 진지를 부수는 것보다 훨씬 나은 결과를 얻게 될 것이다. "밤에 경계 진지에서 흰 발싸개(북한군 양말)만 흔들어도 당신들 진지를 내려다보던 무인기가 즉각 안전한 귀순 루트로 안내할 것이다"라는 식의 구체적인 안전보장책도 세워야 한다.

북한과의 전쟁에선 동족 청년들의 시신이 널려 있는 참호를 점령하기보단 '사면초가'를 불러주어 손을 들고 투항하는 병사들을 맞는 게 최선이다. 국군의 피도 훨씬 적게 흘리고, 통일 이후의 적개심도 최소화해 진정한 마음의 통일을 이룰 수 있다.

북한군의 심리를 정밀 연구해 가장 효과적으로 마음을 움직일 방법을 찾아야 한다. <u>한국에 탈북민이 3만 5,000명이나 와 있으니 어려운 일이 아니다.</u> 그런데 국방예산에서 심리전 예산은 찾아보기 어렵다. 스텔스 전투기 하나를 사오는 돈만 심리전에 쓸 수는 없을까. <u>전쟁은 무기로만 하는 게 아니다. 사람이 하는 것이다.</u> 그래서 개인의 독재체제에서 벗어나 자유민주주의의 자유를 맘껏 누릴 수 있도록 하루빨리 한민족 평화통일을 이루고자 하는 것이다.

통일 한반도의 비전

오늘날 한국은 매우 중요한 전환기에 있다. 한반도는 아직도 분단 상
태이며 이러한 상황은 동북아시아 지역의 경제적 번영에 크나큰 장애
이며 지구촌의 안보에 대한 위협이다.

2014년 박근혜 대통령이 통일대박을 주창한 후 통일에 대한 관심이 급격
히 높아지고 있다. 통일을 부담이나 비용으로 보던 국민들의 생각이 통일을
기회로 축복으로 보는 관점으로 바뀌고 있다.

한반도통일 사상은 우리 한민족 전래의 민족철학이자 세계적인 포용성과
인류적 보편성을 가지는 사상인 '홍익인간'의 철학에 있다고 본다. 홍익인
간의 철학을 통일의 철학으로, 통일의 이념으로 해야 한다는 것이다.

홍익인간이 가지고 있는 서로 다른 종교와 민족에 대한 포용성과 보편성
이 우리 민족의 정신적 자산이고 자랑이다. 이 자랑스러운 철학과 사상을
국내외에 널리 알리고 이 사상에 기초하여 한반도통일을 이루고 나아가 동
아시아는 물론 전 세계에 홍익사상의 구현을 위한 실천과 노력이 필요하다.

이러한 큰 사명감과 비전을 가지고 우선 한반도에서 홍익인간 사상의 실
천에 노력하는 것이 바로 한반도통일의 길인 것이다.

홍익인간은 결코 지나간 과거시대의 사상이 아니며 미래의 사상이고 선진

의 사상이다. 홍익인간을 통일철학으로 더 나아가 동아시아의 미래철학으로서 세계를 큰사랑으로 포용할 수 있는 K-스피릿인 것이다. 합리적으로 좌와 우를 아우르며 선진국과 후진국을 아우르고 동양정신과 서양문명을 아우를 수 있는 사상이 홍익인간이다.

한반도 평화통일은 바로 이 정신과 이 사상에 기초할 때 한반도만의 축복으로 끝나지 않고 동아시아, 더 나아가 지구촌 80억 모두의 축복으로 발전할 수 있다고 본다.

김영호 통일부 장관에게 질문하는 격암유록 저자 최정용 신암중학교 교장 선생님

홍익인간은 한반도통일의 사상일 뿐 아니라 동아시아 공동체의 사상이고 더 나아가 21세기 전 인류를 큰 사랑 안에 하나로 만들 수 있는 전 인류의 철학이 될 수 있다고 생각한다.

이제 21세기 우리 대한민국은 세계 일등 국가이며 선진국의 대열에서 선도 국가로 자리 잡고 있다. 단순히 서구를 모방하는 단계를 벗어나 우리 전래의 사상과 서구의 문명을 창조적으로 융합하는, 즉 서구의 물질문명시대에서 동양의 정신문명시대로 이동하는 핵심의 근간을 이루는 사상이 바로 한민족의 홍익사상이며 전 세계를 하나로 아우를 수 있는 큰사랑의 K-스피릿인 것이다.

책에 없는 최신 북한이야기

글로벌사이버대학 초청으로 **김영호 통일부장관**의 북 콘서트에서
언급된 내용이 담긴 사진들

책에 없는 최신 북한이야기

글로벌사이버대학 초청으로 **김영호 통일부장관**의 북 콘서트에서
언급된 내용이 담긴 사진들

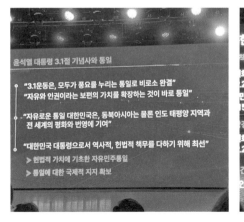

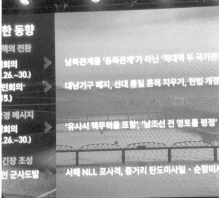

책에 없는 최신 북한이야기

글로벌사이버대학 초청으로 **김영호 통일부장관**의 북 콘서트에서
언급된 내용이 담긴 사진들

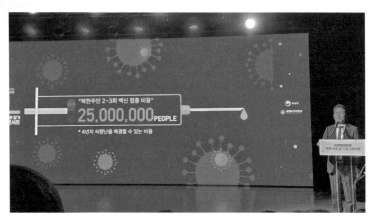

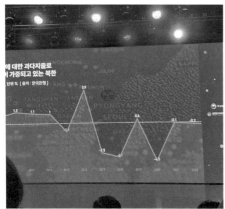

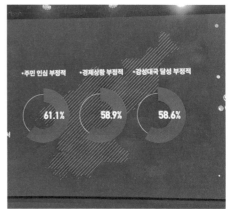

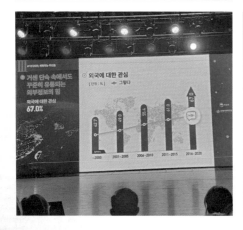

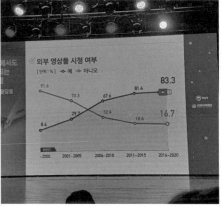

책에 없는 최신 북한이야기

글로벌사이버대학 초청으로 **김영호 통일부장관**의 북 콘서트에서
언급된 내용이 담긴 사진들

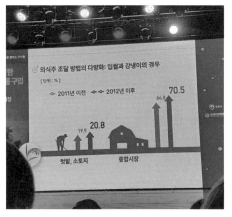

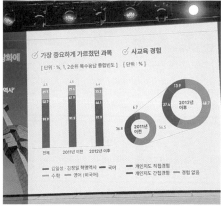

책에 없는 최신 북한이야기

글로벌사이버대학 초청으로 **김영호 통일부장관**의 북 콘서트에서
언급된 내용이 담긴 사진들

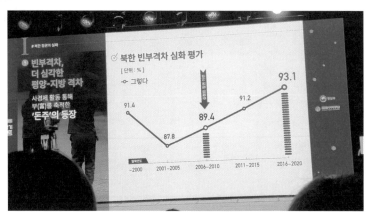

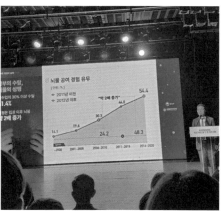

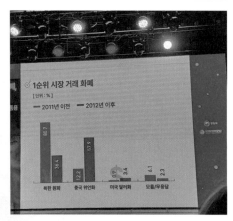

책에 없는 최신 북한이야기

글로벌사이버대학 초청으로 **김영호 통일부장관**의 북 콘서트에서
언급된 내용이 담긴 사진들

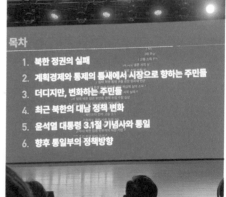

책에 없는 최신 북한이야기

글로벌사이버대학 초청으로 **김영호 통일부장관**의 북 콘서트에서
언급된 내용이 담긴 사진들

책에 없는 최신 북한이야기

글로벌사이버대학 초청으로 **김영호 통일부장관**의 북 콘서트에서
언급된 내용이 담긴 사진들

부록

500년 전 이조 13대 명종 때
남사고(1509~1571)의
『격암유록』원문 일부
(국립중앙도서관 도서목록 古1496-4号)

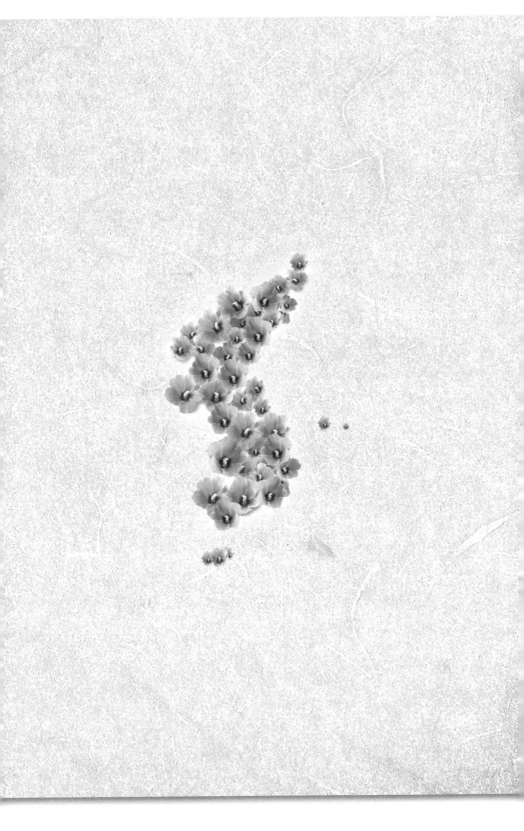

『격암유록(格菴遺錄)』

『격암유록』은 조선 명종 때의 학자 격암(格菴) 남사고(南 師1古, 1509~1571)가 남긴 우리나라의 대표적 예언서로『남사고비결(南師古祕訣)』이라고도 한다. 남사고는 르네상스 시대 최고의 예언가였던 프랑스의 노스트라다무스(Michel de Notredame, Nostredame이라고도 함, 1503~1566)와 동시대를 살았으며 이들 두 사람은 각기 동·서양을 대표하는 예언가로 꼽힌다.

남사고는 명종 때 종묘(宗廟)의 일을 맡아 보는 조관(朝官) 참봉(參奉) 벼슬을 지냈고 후에 천문학(天文學) 교수(敎授)를 역임하였다. 또한 소시(少時)에 신인(神人)을 만나 이 책에 기록된 비결(祕訣) 내용을 전수받았다 하며, 역학(易學)·천문(天文)·지리(地理)·참위(讖緯)·복서(卜書) 등에 통달하였다 한다.

현재『격암유록』은 국립 중앙도서관 고서 목록 古1496호『격암유록』이라고 등록되어 있다. 이 책은 세론시(世論視)·계룡론(鷄龍論)·은비가(隱秘歌)·출장론(出將論)·승지론(勝地論) 등 60여 편의 논(論)과 가(歌)로 구성되어 있고 가(歌)는 국한문이 혼용되어 씌어졌다. 역학·풍수·천문·지리·복서 등의 원리에 입각하여 조선의 미래를 예언하고 또 그것에 대처하는 방법을 일러주고 있다. 「말운론」에 보면, "자고예언비장지문 은두장미불각서(自古豫言秘藏之文 隱頭藏尾不覺書)"라는 말이 나온다. 즉 "예로부터 전해오는 이 예언은 비밀히 감추어진 문장으로서 머리는 숨어 버리고 꼬리는 감춘 듯이 기록되어 사람들이 깨닫기 어렵게 된 글"이라는 뜻이다.

말하자면 파자(破字), 측자(側字), 은유, 비유 등으로 기록된 천기인봉(天

機印封)의 이치를 설명하고 있는 것이다. 역사상 손꼽을 만한 유력한 예언서들이 무수한 논란을 야기시켰음에도 불구하고 사전에 파기되지 않고 온존할 수 있었던 것은 바로 이 천기인봉의 이치 때문이라 할 것이다.

만약 이들 예언서가 지적 탐구를 통해 사전에 해독될 수 있는 것이었다면 그 누군가의 손에 의해 이미 파기되었을 것이다. 예언서는 그 어떤 의미에서도 지적 탐구의 대상이 될 수는 없다. 어떤 의도나 목적을 가지고 사심(私心)으로 예언서를 해독하려 든다면 진실은 결코 스스로 그 모습을 드러내지 않을 것이다.

예언서의 진수(眞髓)는 유현(幽玄)하고 또 유현하여 오직 깨인 자가 아니고서는 감히 진리의 경계에 접근할 수 없게 되어 있는 것이다. 그래서 「가사요(歌辭謠)」에서는 "예언유서 세부지만시자탄(豫言有書 世不知晩時自歎)", 즉 예언서에 나타나 있는 것처럼 실제로 일어나고 있다는 사실을 세상 사람들이 뒤늦게 알고서 스스로 한탄하며 후회하게 되리라고 했다. 『격암유록』에서는 도덕 타락상과 황금만능주의의 사조, 종교 이기주의와 세속화를 거듭 개탄하면서 모든 도와 교를 하나로 합치는 '신앙혁명'을 예고하고 있다. 「가사총론(歌辭總論)」에서는 말세의 도덕적 타락상 및 물질만능주의와 불교, 기독교, 유교의 잘못된 신앙을 개탄하는 내용이 나온다. 이어 「가사요」에서는 "말복합이일리 동서도교합일리 혼미정신영불각(末複合而一理 東西道敎合一理 昏迷精神永不覺)"이라 하여, 끝에 가서 동·서의 도와 교가 하나로 합쳐지게 되는 이치를 말하면서 정신이 혼미한 자는 결코 깨닫지 못할 것이라고 했다. 또한 「정각가(精覺歌)」에서는 유교, 불교, 기독교가 세속에 물들어 진정한 도를 밝히지 못하고 세상만 어지럽히고 있음을 한탄하면서 "도도교교독주장 신앙혁명부지…천강대도차시대 종도합

일해원지(道道敎敎獨主張 信仰革命不知…天降大道此時代 宗道合一解冤知)"라 하여 "수많은 도와 교가 신앙의 혁명기임을 모르고 제각기 자기 주장을 하지만 하늘의 대도(大道)가 내려온 이 시대는 모든 도를 하나로 합치는 해원임을 알라"라고 했다.

또한 『격암유록』에는 『천부경』의 원리인 천・지・인 삼신일체의 천도가 후천세계를 열 것이라고 예언하였다. 「송가전(松家田)」에서는 천부경을 '진경(眞經)'이라 하고 있고, 「궁을도가(弓乙圖歌)」에서는 "새벽에 밝은 정신으로 꿇어앉아 진경을 독송하길 주야로 잊지 말고 반드시 명심하라"고 나와 있으며 「정각가」에서는 "상제께서 예언하신 성스러운 진경은 생사의 이치를 분명히 판별해 준 것으로 소리도 냄새도 없고 별 맛도 없다"라고 하고 있다. 또한 「농궁가(弄弓歌)」에서는 "하늘에서 내려온 궁부(弓符, 天符經)에 하늘의 뜻이 있는데 창생을 구제하는 지극한 이치를 누가 알리오"라고 하고, 「가사총론」에서는 "궁부의 이치로 선천(先天)이 회복되니 사시장춘의 신세계"라고 하고 있다. 특히 「은비가(隱祕歌)」에서는 천부경의 중핵을 이루는 '집일함삼'과 '회삼귀일'의 원리가 인간 존재 속에 구현된 천・지・인 삼신일체(성부・성자・성령 삼위일체)의 천도가 후천세계를 열 것임을 예고하고 있다. 「은비가」에 나오는 '부자신중삼인출(父子神中三人出)'은 '집일함삼', 즉 하나를 잡아 셋을 포함하는 이치를 나타내고, '삼진신중일출(三眞神中一人出)'은 '회삼귀일', 즉 셋이 모여 하나로 돌아가는 이치를 나타낸 것이다. 여기서 '부자신(父子神)'은 곧 성부・성자・성령이요 천부경의 천・지・인에 조응(照應)하는 것으로 삼위일체이다. 따라서 일즉삼(一即三, 一即多)이요 삼즉일(三即一, 多即一)이다. 천・지・인 혼원일기(混元一氣)인 '하나(一)'가 곧 우주만물(三)이요 우주만물이 곧 '하나(一)'이다.

진인(眞人)이란 삼신일체의 천도가 인간 존재 속에 구현된, 말하자면 '인중천지일(人中天地一)'을 체현한 존재이다. '신앙혁명'에 대한 예고와 더불어 『천부경』이 만고의 진경(眞經)이며 천·지·인 삼신일체의 천도가 후천세계를 열 것이라고 한 『격암유록』의 예언적 내용은, 삼신일체에 뿌리를 둔 신교(神敎)가 모든 종교와 진리의 모체가 될 것이라고 예언한 『신교총화』의 내용과도 일치하는 것이다.

〈상기 격암유록 설명은 최민자 저서 참조〉

본서에서는 격암유록에 기록된 '지난 역사적 사실들'과 '앞으로 전개될 일들' 중, 누구나 알기 쉽고 명료하게 해석되는 부분에 초점을 맞춰 저술하고자 하였다.
예를 들면 '지난 역사적 사실들'—조선의 멸망, 이승만 정권의 12년 정치사, 경술국치, 해방, 분단, 휴전, 판문점, 38선, 신군부 등장, 코로나 발병 등—과 '앞으로 전개될 일들'—한반도 평화통일 시기, 대한민국이 전 세계로 부상할 것, 세계 언론에 보도될 것, 대한민국의 밝은 미래가 전개될 것 등—을 격암유록 '원문'에 근거하여 저술하고자 노력하였음을 한 번 더 밝힌다.

국립중앙도서관(古1496-4號)『격암유록』원문을 실으며

1. 격암유록 원문 필사 - 1944년
필사하신 분 - 충남 서산에 사시는 이도은 님

2. 필사된 격암유록 원문을 33년간 보관하다가 1977년 중앙도서관에 등록

일제강점기 시기 격암유록과 정감록을 비롯한 예언서에 "일본이 36년 만에 물러가게 된다"는 예언(본서 예언 4. 경술국치, 일본이 36년 만에 물러간다는 예언 / 92~93쪽 참조)이 있어, 일본인들이 한국에 있는 비결서를 모두 불태웠다 한다.

그리하여 충남 서산에 사는 이도은이라는 분이 일본인 몰래 격암유록을 필사해 놓고 소장하고 있다가 1977년 국립중앙도서관에 기증, 고문헌(古1496-4號)으로 등록되었다.

1944년 필사, 1977년 중앙도서관에 등록된 원문을 확인하면 1977년 이후에 일어난 역사적 사실들까지 상세하게 기록되어 있어 한 번 더 감탄하게 된다.

1979년 10월 16~20일까지 부산과 마산에서 유신에 반대하여 데모가 있자 계엄령 선포하여 10 · 26사태가 이어지고, 12 · 12사태를 거치면서 김종필 씨가 잠시 정계를 떠나게 되고, 1980년 신군부 전두환 등장, 부마사태, 전국적인 데모, 삼청교육대가 나오고, 군인과 정치인들이 어그러지고 어려운 시국이니 무리들은 입조심하라는 내용 등(본서 예언 14. 서울의 봄 예언 / 128~132쪽 참조)이 격암유록에 전부 예언되어 있다.

또한 2020년 코로나로 인해 전 세계적으로 700여만 명이 사망하여 연고를 못 찾거나 하면 미국에서는 시체를 웅덩이(본서 뉴욕 Hart 섬 대형웅덩이 / 126쪽 사진 참조)에 던져서 채우는 일이 있었다. 이 내용 역시 격암유록에 예언되어 있다.

이처럼 격암유록은 500년 전에 거울을 보듯이 미리 내다보고 있으니, 이 얼마나 오묘하고 신비한 일인가!

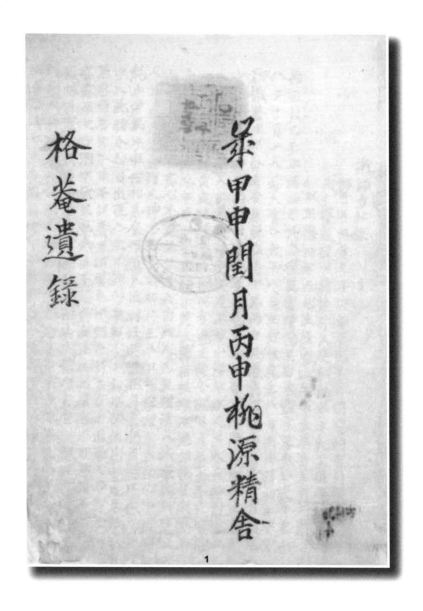

국립중앙도서관(古1496-4号)『격암유록』 원문

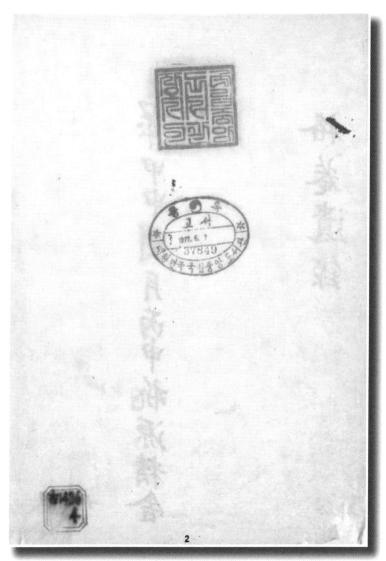

2

(상기 도장을 보면 대한민국 국립중앙도서관에 1977년
등록된 것이 증명됨)

南師古秘訣

師古号格菴又号敬菴英陽人
天文學教授火時道神人受秘訣風水天文俱得通曉
公以正德四年己巳生隆慶五年辛未卒壽六十三歲東山
明廟朝官社稷杏奉拜

欲識蒼生保命瘳咨里眹臨頭十勝兩白三豐真理眼非越越人不睹九歟山
宮加一十勝理春滿乾坤福港家畜亀河洛印理天下人民神判槤四世
人不知芳東下滿民群党世渡激移山海印理日月無光不夜城甘雨露滿三
口合体全田理黄庭經讀丹心日回方中正從金理不老不死甘雨露滿四
盆四乳十字理死中永生脉水界火降筒部理活人滅魔神判錄心似
人一夕俊安無理心不變爲信天六角八人天火理活人滅魔心判錄心似
乾坤人半禍中乖蓬天神下降分明知八王口善字理真眸龍耳目疾近邦似
中入此時令知日出即入生不知乙牛群々和牛拜和見東風爲邦不忘吹入
門開大和門不知歲月何甲子欲識楃方脫却理血脈貫通藥欲飮
天露月窟寒余三十六宮都春無雨真甘露飛泥天春得數田理十二
雲霧濛天舍衛子中欲覔死處永不得前甘露初薰天舍得數田理有中
隱惡揚善君子中欲覔死處永不得前初薰和牛道不可思議不忘春
生涯雅淸曲不知歲月何甲子欲識楃方脫却理血脈貫通藥欲飮

3

蓉生安心齋三豊兩白有人處

錦城~何錦城金白二城漢水邊鷄鳴龍叫何處地名者漢遏是錦城

鷄龍~何鷄龍紫霞仙中金鷄龍非山非野吉星地鷄龍白石真鷄龍

十勝~何十勝勝利臺上真十勝兩白何兩白先有天地是兩白真鷄龍

河圖洛書靈龜電戟心靈白衣白真兩白三豊何三豊非山非野吉乙三豊

一陽一陰在野市乙紫霞仙人衣是三豊夸乙牛性天夸地乙三豊

半姓無知無窮造化天牛地馬真牛性鄭氏乙何牛性天夸地乙牛性

化字乙又光化邪不犯正真從金真經者地何鄭氏兒不知而水精北加三鄭氏

日月無光聖經說毫釐不差真從金真經古地何海印金光彩玲瓏從是田意金

下一氣再生人海印用使是真人真未化何意出牛鳴是田意

方春生金花發列邪蝴蝶歌舞來無天心何意出牛鳴十勝兩白知口人

神山下半鳴地佳樹範朴是者真人真未化生化人真木化生是真人

上帝預言聖經說毫不差正真從金真經古地何真經柩地多會仙中普地三

化字無光先光光化邪不犯正真從金真經邪不正真從金真經者地

先冤之人預言世言長夜眠赤貨人省不忍真不真好事多魔此日知口人

奴犬言爭件十口醫時~不免厄九之加一線無形十勝兩白知口人

不顧左右前~進死中求生元真理出死入生信天村造次不離在上臺

국립중앙도서관(古1496-4号)『격암유록』원문

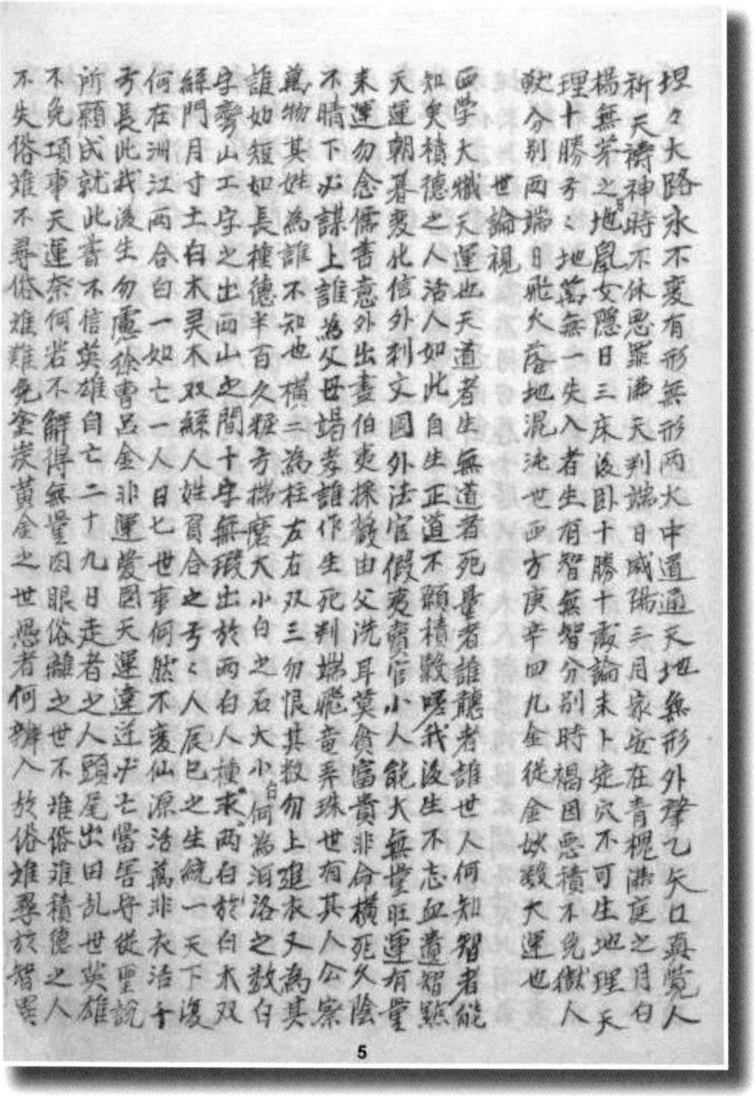

국립중앙도서관(古1496-4号)『격암유록』원문

坦々大路永不變有形無形兩大中道道天地無形外彈乙矢口眞覺人
祈天禱神時不休鬼羅滿天判端日城陽三月家安在青槐滿庭之月白
楊無芬之地鼠女隱日三床後臥十勝十處論末卜定穴不可生地理天
理十勝奇々地藏無一失入者生有智無智分別時禍因惡積不免獄人
乾分別兩端日飛火落地混沌世西方庚辛四九金從金始數大運也
世論視
西學大織天運也天道者生無道者死量者誰聽者誰世人何知智者能
知實積德之人活人如此自生正道不顧積數曙我後生不忘血遺智賤
天運朝暮變化信外刹文國外法官假衰貴官小人能大無量旺運有量
未運勿念儒書意外出晝伯夷採薇由父洗耳莫貪富貴非命橫死久陰
不晴下必謀上誰爲父母竭孝誰作生死判端飛竜弄珠世有其人公案
萬物其姓爲誰不知也橫二爲柱左右双三勿恨其數勿上退衣又爲其
誰如短如長種德半百久猶奇端廣大小白之石大小白何爲酒洛之數白
字夢山工字之出西山之間十字無環出於兩白人種求兩白於白木双
緣門月寸土自木吳木双緣人姓頁合之奇々人辰巳之生統一天下復
何在洲江兩合白一如七一人日七世事何然不變仙源活萬非衣活千
奇長此哉後生勿慮徐曹呂金非運變圖天運達逆出亡當昏母從聖說
所穎氏就此書不信英雄自亡二十九日走者之人頭尾出田亂世英雄
不免項事天運奈何岩不解得無量因眼俗離之世不堆俗難積德之人
不失俗難不尋俗難難免金炭黃金之世愚者何辨人故俗難尋於智異

5

국립중앙도서관(古1496-4號)『격암유록』원문

※ 격암유록 원문은 국립중앙도서관에 소장되어 있으나 본서에서는 중간을 생략하고자 합니다.

※ 원문 전체를 보고자 하는 독자는 아래 사이트로 들어가면 볼 수 있습니다.

· 국립중앙도서관 : https://www.nl.go.kr
· (도) 행복에너지 :
  https://m.blog.naver.com/happybookksb

三十六年無王民이皆為僧孫不知佛을
日本東來兩山破州日中之变及於世界라
午未生光申酉移至日色發光日暮昏을
青鷄一聲半田嘉리委人歸根落望故로
兩人相對河橋迁州 辛牛織女相別莫州
女人戴禾猴兒歸至六九運去乾坤定네
乙矢口牛槿花江山留支할이天運로네
朝鮮氏族生日呈什天呼萬歲喬慶起에
正當 草人道則맛人人相伴暗級陰謀
上下灰霧不法成에足及居上派運으로
智將勇退登畔閣에富不謀身淡償泉을
當世欲知生誰計면速圖三十八分前을
白虎三望世魂琄에三月三時何知人고

96

八金山下安心地는 虎患不犯傳殼다네
人心渙渙患亂中에 米穀大豐(때가더기)
驚惶人心安定亂도 虛榮心에精神사면
日去月諸밝은빛을 두루 本心찾기에힘쓰도다
百穀猶留餘生亂에 眞作群中最大名을
朝輝先生보르거든 日月明을밝을세라
白狗之元靑鷄喜聲 鷄三後黑蛇運에
白羊似水未越卯 止子高孫讀運이왔네
靑鷄一聲喜消息에 南渡困龍無政事
新增李氏十二年에 流水聲中人何生가
天地運數定理法이 暫時暫間循環故로
分列三方朝得暮失 貪祿旧臣從賊人고
可憐今日王孫子는 困龍之後代續으로

97

花開二十又二春을 法으로 解得하고
二十二春으로 거든 廿二眞人 覺知하소
老鼠爭龍木子退豆隱獄自出牛尾入을
張趙二姓目中乱川庚辰辛巳傳設이니
此後之事逆獄蔓延愛全蹶起先發되어
馬山風雨自南來로 熊澤魚龍從此호라
塝坊曲曲能坊이요 是是사사是是사가
合利보세 天干地支四九子酉사니간가
四九辰巳革新豆三軍熢火城過賊을
軍政錯亂衆口鉗制口是稻門滅身奇라
善政이며 好運時오 不活이면 惡運時가
末世生人攝政君을 當當正正일이니소
阿差하다 先發하야 目前滅亡敗家로서

98

金世大亂非相火豆天下人民滅亡을세

末中運

欲識推算末世事면兩人相爭長弓射오

于九日痰走者는仰天痛哭恐無心을

失路彷徨人民들이趙張싸와絶斷을세

訪道君子修道人들高張싸에過亂가자

不知時勢蒼生들이時運不幸疾亂을세

虜鷹蜂起假鄭들이節不如意而發動이라

白虎天使不覺投至所不如意絕望일세

黑驚將軍扶李事로刘秦反復開運이라

伐人李之斧天運으로道天者는갈길없다

死人失衣暗暗理로恐無心을所望이요

국립중앙도서관(古1496-4号)『격암유록』원문

栗豪者亡惜聖者誠實聖者亡不生이라
長弓勝敗白金鼎中入正當되오리니
尖路彷徨不去하고不失中動하자를生
幸勝壬三退却乱며幸운幸運僥偉生州
呀來逐出旗人用瑞海印造化任意타에
先天秘訣篤信이소鄭氽知는虛念只라
從風已去사라지고天下諸聖靈神合에
蓮花坮上神明世界正道靈이으싱가네
都是天運不避으니生命路를찾을쎄라
鄭爐預言之中에利在田田弓弓乙乙
磊盡四乳些败걷가 可解하니十勝道靈
畵半顧溪道下止를奄宅曲阜傳漢재만
自古前來儒士들이可解하水織人이고

道下知言 解文하니 覺者들을 銘心하소

先知人惠 無心村에 有十人이 全滅하고

次知丁目 雙頭角州 三人十術 知識으로

三知人間 千人口로 以着冠을 自覺하면

弓乙田田 道下知水 分明無疑十勝일세

吉星渐照 入居生活 结寫公卿子孫일세

無痛長壽 心心相통 이거 알고씨가살고

無誠無加難得富로 百無一人 保生者라

非山非野 仁富之間 弓弓吉地 傳했지만

小木多積 為祖寄을 無德之人 難得하水

天路一坼 天報再鳴 呼甲聲이 들녀온다

時運時運 時運이라 中入時末 分明구나

黑虎以前 中入으로 運踏道下에 傳했으나

101

不散其財富餱人과 不退其地高貴들이
時勢不覺不入으로 下愚不已後從하니
氓尖人民殺我看之富饒貴權아니든가
富饒財産掀天勢로 浴人積德못하고서
自己自欺不覺計人命殺로로구나
末日보킨드고卦라 天地反覆運來하면
善惡兩端到근덜에 何意謀至堪當할고
天神下降於末日에 岩陳彷徨비로구나
張氏唱義北先返에 白眉作乱三國具非峙
五卯一气末敗運川卯辰巳年 運發就到 乙
瀋陽之末張氏乱後 金水火之三姓国을
太白山下三姓後에 鄭氏奮合鶴就일새
靑龍黃道大開年이 王氣浮來太乙殿을

102

국립중앙도서관(古1496-4号)『격암유록』원문

青槐滿庭之月이오 白楊無芽之日이라

青龍之歲 利在弓弓 白馬之月 在利乙乙

黑虎證河圖五 이면 青龍齊和元年이라

無影辰巳好運 으로 三日英火連國統合

甲五宮春秋壽之 德萬年之經過 로서

死之征眼永生者之 脫却重生修道者라

忠信義士入金城에 真珠門이 玲瓏할세

蓬萊水邊 古地라고 長沙之谷清水山下

蓮花培上千年歲에 穀種三豐맞되도다

好運이며 通合이오 小運이면 不幸이라

隨時多變되모리니 絕對預定할수없네

兩虎三八大開之運 清兵三萬消入亂에

黑雲滿天呼哭聲 中自相踐踏可憐이라

국립중앙도서관(古1496-4号)『격암유록』원문

先渡洛東初入之乱八金山下避乱地오

無渡錦江再入之乱人口有土要心庸乙

無寢濛水三入之乱十勝之地避乱庸乙

三数論亦磨練하니 好運 所謂 이음이라

避乱이면 狼狽되니 修道先入天民들아

不撤晝夜 袁蒲乱떼 一心祈禱 退却하소

弊判以後 初有大乱 興古今의 大天哭나

擇善者들이 잇다서 大惡乱이 減除되지

好運受人 人心和하며 百祖一孫 退去豆써

鼠女隠日 隠藏하니 三秊後하사 낫되고

修道 天民一心 和하며 三風之穀 豊滿教음

辛勝壬三 盧事되니 百祖三孫 盧迷하고

壬勝癸三 運이오며 百祖十孫 好運으로

104

210 | 쉽고 재미있게 풀어낸 격암유록

국립중앙도서관(古1496-4号)『격암유록』원문

見不牛이奄麻半聲天下萬方連滿乱써

利勝凱歌雲霄高써 으로風波十日之乱

一天下之天心和豆 十月之乱不俱豆써

世上征服하고보니 靑龍白馬三日乱써

龍蛇交車好運으로 十祖一孫되야参겻슬

彼此之間不利豆써 聖壽何旅不幸으로

天火飛龍燒人間써十里二人難覓이라

十室之內無一人써一境之內亦無一人

二尊之主得運하니鄭氏再生일러라

白馬公子得運으로 白馬場써이름비고

白馬乘人後徒者と 仙官仙女天軍이라

鎭鳥三千自天東으로 鳥衣鳥冠走東西豆

天角千山鳥飛絶써八人萬遊人跡滅豆

국립중앙도서관(古1496-4号) 『격암유록』원문

善呼萬山一男이立衰哉千山九女로다
小頭無足飛火落에千祖一孫極悲運을
惟氣傷逢重病死로哭聲相接ᄒ세로다
無名急疾天降災에水昇火降보조오니
積尸如山妻疾死互塡於溝壑無通理에
智覺喊聲混沌中에修道者도다물업서
五運六氣虔事되니平生修道所望이베
水昇火降不覺者는修道者가아니로세
多誦眞經念佛ᄒ세水昇火降알아보소
無所不通水昇火降兵凶疾에다通ᄒ니
石井崑을보고보고靈泉水를차尋이오
心泉顧淺모르모르地上顧淺엇던말가
水昇火降不覺ᄒ면石井坤을벗지말며

국립중앙도서관(古1496-4号)『격암유록』원문

石井渴을 不覺하니 寺畓七斗 엇지알며

寺畓七斗 不覺하니 一馬上下 엇지알며

馬上下賭 不覺하니 弓弓乙乙 엇지않며

弓弓乙乙 不覺하니 白十勝을 엇지않며

白十勝을 不覺하니 亞亞儜佛 엇지않며

亞亞儜佛 不覺하니 鷄龍鄭氏 엇지말녀

鷄龍鄭氏 不覺하니 白石妙理 엇지말녀

白石妙理 不覺하니 穀種三豊 엇지말녀

穀種三豊 不覺하니 兩白聖人 엇지말녀

兩白聖人 不覺하니 儒佛仙合 엇지않며

儒佛仙合 不覺하니 脫却重生 엇지않며

脫却重生 不覺이면 鄭通令을 알엇으랴

非鄭爲鄭 非乜氏오 非趙爲趙 非玉氏라

107

鄭趙起至易理로 易数推算 믿어보소

河洛圖書 九宫加一 仙源十勝 아오라가

一心正道修身礼門 水昇火降 四覽四覽

耳目口鼻手身手净에 毫釐整塵 不差無欠으로

天賊之姓 好生之德 多誦真經活人說에

博愛萬物惻愩之心 愛憐如乙써 봄같이

天眞스런 婦女子가 버토나도 되자구나

甲乙歌

伽倻伽倻 趙氏伽倻 鷄龍伽倻 聖堂伽倻

靈宣伽倻 園困五째 困而知之 女子運을

女子女子 씨女子 男子男子 씨男子가

弓矢弓矢 竹矢束 九死一生 女子佛

108

何年何月何日運 是非風浪處處時
避亂之方何意謀 默默不答不休事
甲乙相隨龍蛇爭 雲中掌屋雲霄高
時乎時乎不再來 忍耐忍耐又忍耐
甲乙龍蛇已過後 時乎時乎男子時
百祖一孫男子運 百祖十孫女子運
天崩地坼白沙立 靈室伽倻女子時
不然不然非女子 女子中出男子運
女子出世矢口知 女子運數鳥乙矢口
當運出世謀謀人 運救時來善事業
甲乙已過前事業 不然以後狼狽時
一字縱橫十勝運 鷄龍出世伽倻知
一字縱橫三一出 自身滿滿不成事

109

衆人寶金一脫世 善事業可憫好

暗暗誠事大事業時至不知無所望

風風雨雨紛紛雪甲乙當運勝敗時

八陰先動失情心三陽仲動還本心

好事多魔同僚單逢逢筆是是

速人謀事小女子逢人謀事男子

彼此之間聖事業逢逢關係各意思

逢謀者生百祖十孫速速者生百祖一孫

逢謀事業鷄龍閣逢謀事業邯山崖

一字縱橫鷄殼鷄就山上伽倻閣

甲乙當運矢口知邯山城龍蛇當運不失時

俗離山上邯山城龍蛇當運不失時

智異有鶴誰可知俗離牛腹不失時

110

국립중앙도서관(古1496-4号) 『격암유록』 원문

遲速兩端生死判遲速生死時不知
欲速不達男子運遲運徐行女子運
女子受運多人和男子受運小人和
遲人成事鷄龍立速人成事鄕山仆
鷄龍建立小紫霞俗離建立紫霞島
平沙鷄龍再建屋庵跼千艘仁富間
三都茅立積倉庫世世人人得生運
靈魂革命再建朴漢水灘露三處朴
森林出世天數朴三處朴運誰可知
枰從齋生水出朴天子乃嘉鷄龍朴
世人不知鄭渡朴鄭道令之降留山
迅速降出俗離山先入者免迷降運
遲速徐行降鄭山先中末運三生運

111

好事多魔 忍不耐三生 得運誰可知
艱難矢口節 矢口節蛇登延思嶺
先入十勝 行事權勢不得己墮落落者
先入者及男子運中入者生女子運
先入者選滉乱時 後入者死分明知
中入者生 忍耐忍勝 先入者亦滿耐忍勝
矢矢不顧忍耐勝衆口不答克己世
甲乙當運回來時先入脱棺堕落生
有口無言人人唖先動者及中入運
時呈不知無知者後悔莫及可憐生
節不知而先入者世界萬民殺害者
殺害人生先入者所望斷望何望入
物欲交蔽目死者非先入者可憐誰

庚子閣廠甲乙五亞裡嶺有停車場
善待善待多情侯亞亞裡嶺何何嶺
極難極難去難嶺亞裡亞裡嶺
亞裡嶺閣停車場鷄就山上甲乙閣
俗離山上鷄龍閣乙矢口耶所望所望
人間出死甲乙耶生死結定龍蛇知
甲乙當運出世人叙者乇而屠者生
自乙橋慢滅身爺危險千萬十字立
人人叙叙自身亡去橋慢慢心揚立身
屠乙屠之人屠多名振四海十字五
甲乙當運不失時慎之慎之义慎之
再建再建义再建四海八方人人活
十字立而重大事衆人寶金相議成

113

暗瞻謀事再建人十八卜衛立郎愼

兩人謀事勝敗知四九金風庚辛進

三八木人甲乙起 時手時手不再來

時來甲乙出世者銘心不忘愼愼事

高山漸白甲乙運寅卯始形計劃一

死者迴生此事業無碍是小先進郎

刈莉刈莉忍耐中石爲華業完成就

世事態態思 我心蜂蜂戰

修通先入讀三踏者國家興乞如草芥

倒一正一云一數易數不通我不知

世上事業有先後先覺虛榮盧榮歸

足前之火甲乙運寸陰是競通流世

一思狼視三深思意先覺事甲乙閣

114

국립중앙도서관(古1496-4号)『격암유록』원문

晻晻諱辭恩數年人人成事養成三

哲學科學硏究者一朝一夕退去日

疑問解決落心恩如狂如醉虛榮心

世上萬事細細密真虛夢年去無跡

高始廣室前去㗊空手來世空手去

此軍彼軍云世事前進新建屋

心欲花花守　　言何草草爲

鷄龍山上甲乙閣重大責任云十一

天十一歲三五運名振四海誰可知

鷄龍山上甲乙閣紫霞賓日火虹天

天十一歲始作五走肖杜牛目發來

左衝右突輔真主所向無敵東西伐

115

국립중앙도서관(古1496-4号)『격암유록』원문

沙甲輸賊今必在蕩蕩天賜劍頸風
天門關尸進賣邑地闢草當退李之
人皆弓弓去　我亦矢矢來
先天沈覽甲乙闢時年不再來
末子論榮三聖安走肖伏飼四禍投
非衣元功配太廟人王孤哀後世
非上此下高非外依仁依智莫依勢
先進有源後進歌白榜馬來紅榜牛
坐三三玉亶移去一來一金佛頭
俗離安坐有像人德裕喚起無聲賊
山地德彼古目憲山南必有人妾愛
誰知江南第一人潛伏山頭震世間
其竹真竹去前踏前路松松開

116

국립중앙도서관(古1496-4号)『격암유록』원문

名振四海六十一歳五身揚名否後臥
水三五運雲霄閣開六十一歳無前程
可憐可憐六十一歳反目木人可笑可笑
六十一歳成功時大厦千間建豆匹
白子至亥其成時原子化變爲食物

(一九四四)
甲申閏四月丙申
瑞山郡地谷面桃星里
全城居人 李桃隱 謄寫

117

출간후기

전) 대통령직속
지역발전위원회
문화복지전문위원

권선복

"자유를 누리는 평화통일의 꿈,
한반도의 밝은 미래를 소망하며"

책 『쉽고 재미있게 풀어낸 격암유록』은 우
리의 역사와 미래에 대한 놀라운 통찰력을 담
은 책입니다. 남사고 선생의 500년 전 예언
이 어떻게 현재와 미래의 상황과 일치하는지를
살펴보면서, 우리는 시대를 초월하여 미래에
대한 두려움보다는 희망을 품을 수 있습니다.

이 책은 미래를 예측하는 것에서 그치지 않고, 현직 신암중학교 교
장인 최정용 저자가 국립중앙도서관에 소장된 격암유록 원문을 철
저히 연구·고증하여 모든 독자가 쉽고 재미있게 접근할 수 있도록
해석해 놓음으로써, 신뢰성과 즐거움이라는 일석이조(一石二鳥)의
효과를 얻을 수 있습니다.

더욱이 『쉽고 재미있게 풀어낸 격암유록』은 한반도의 통일이 단순
한 정치적 사건을 넘어서 인류에게 평화와 화합의 메시지를 전달할
수 있는 좋은 기회임을 알려줌과 동시에, 한반도의 밝은 미래와 통
일이 가져올 평화와 번영의 가능성을 탐색하게 합니다.

그러므로 이 책을 읽는 여러분은 한반도의 과거·현재·미래를 연결하는 역사의 실마리를 발견하게 될 것이며, '한 사람 한 사람이 자유를 누리는 평화통일'이라는 역사적 사건이 가져올 변화와 그 의미를 더 깊이 이해하게 될 것입니다.

또한 저자는 홍익인간의 정신을 바탕으로 온 인류가 하나의 큰 가족임을 상기시키며, 우리가 어떻게 서로 연결되어 있는지, 그리고 이 연결이 어떻게 우리의 미래를 형성하는지를 논리적으로 설명합니다. 이는 모든 이념과 사상, 종교, 인종, 국경, 더 나아가 남녀노소 유무식(男女老少有無識)을 초월하여 81억 모든 인류에게 전하는 큰사랑의 강력한 메시지라고 할 수 있습니다.

독자 여러분, 이 책을 통해 한반도의 평화통일이 가져올 무한한 가능성을 함께 상상해 보시길 바랍니다. 그리고 그 가능성이 현실이 되는 그날까지, 우리 모두가 희망의 불씨를 지펴나가길 바랍니다. 행복에너지가 팡팡팡 샘솟는 그날을 기대하며, 이 책이 여러분의 마음에 큰 희망과 평화의 메시지를 전달할 수 있기를 소망합니다.

[참 고 문 헌]

1. 최민자(崔珉子) 주해 천부경(天符經), 삼일신고(三一神誥), 참전계경
   (參佺戒經) ⇒ 우리나라 3대 경전

2. 불경(佛經) : 반야심경(般若心經), 능엄경(楞嚴經), 천수경(千手經), 법구경
   (法句經), 법화경(法華經), 금강경(金剛經), 팔만대장경(八萬大藏經) 등

3. 성경(聖經) : 내경, 외경, 도마복음

4. 대순전경(大巡典經), 만법전(萬法典)

5. 사서삼경(四書三經) : 논어(論語), 맹자(孟子), 대학(大學), 중용(中庸),
   詩經, 書經, 易經

6. 윤동리(尹東里) 著, 초창결(蕉窓訣) / 우장결, 옥룡결 등 미래예언서

7. 이서구(李書九) 著, 채지가(採芝歌)

8. 육도삼략(六韜三略), 하락요람(河洛要覽)

9. 하도낙서도(河圖洛書圖) : 우주 변화 원리가 담긴 도표

10. 황정경(黃庭經) : 중국 동진(317~420) 시대의 도교 경전

11. 토정 이지함(土亭 李之菡) 著, 기해상원일서(己亥上元日書) / 토정비결
    (土亭祕訣)

12. 송하(松下)노인 著, 송하비결(松下祕訣) / 무학비결(無學祕訣), 봉명서
    (奉命書)

13. 정감록(鄭鑑錄), 율곡비기(栗谷祕記)

14. 노스트라다무스 예언집(Les Prophéties)

15. 이민제(李民濟) 著,『삼역대경(三易大徑)』

16. 일지 이승헌 著,『공생의 기술』, 한문화, 2023

17. 이경 감수,『만세력』, 동학사, 2006

18. 谷口雅春 著,『生命의 實相』세종출판사, 1982.

19. 베어드 T. 스폴딩 著,『히말라야 聖子들의 超人生活』, 성광출판사, 1980.

20. 이강수(李康洙) 著, 道家思想의 硏究

21. 노재욱(盧在昱) 편저, 노자도덕경

22. 최제우(崔濟愚) 著, 동경대전(東經大全)

23. 최제우(崔濟愚) 著, 용담유사(龍潭遺詞)

24. 이순풍·원천강 著, 추배도(推背圖)

25. 이고·유성성 著, 신교총화(神敎叢話)

26. 안경전 著, 이것이 개벽이다

27. 도올 김용옥 著, 용담유사(龍潭遺詞)

28. 박제상 著, 부도지(符都志)

29. 『聖經全書』, 대한성서공회

30. 안경전 著, 『이것이 開闢이다』, 대원출판사, 1985.

31. 안경전 著, 『甑山道의 眞理』, 대원출판사, 1985.

32. 증산도도전편찬위원회, 『甑山道 道典』, 대원출판사, 2003.

33. 김은태 編著, 『正道令』, 해인출판사, 1988.

34. 신유승 解讀, 『格菴遺錄』, 경성라인, 1996.

35. 강덕영 解譯, 『格菴遺錄』, 동반인, 2004.

36. 이완교 解讀, 『주역과 격암유록』, 아름다운사람들, 2008.

37. 김중태 著, 『元曉訣書』, 화산문화, 1998.

38. 김중태 著, 『彌勒佛과 再臨예수』, 화산문화, 2010.

39. 석추담 編著, 『甘露의 法文』, 해인, 1990.

40. 고도 벤 著, 『노스트라다무스 지구대멸망』.

41. 마이클드로스닌 著, 『바이블코드』, 황금가지, 1997.

42. 大光엘리사 著, 『전 인류에게 고함』, 대도대한, 1999.

43. 페테르에르베 著, 『우리는 神이다』, 아름드리, 1998.

44. 한당 著, 『天書』, 세명출판사, 1993.

45. 老子 元著 오강남 풀이, 『道德經』, 현암사, 2007.

46. 한동석 著, 『宇宙變化의 原理』, 대원출판사, 2004.

47. 신천호 著, 『陰陽五行의 槪論』, 명문당, 1987.

48. 홍정 著, 『命理學敎室』, 책만드는 집, 1997.

49. 김준구 著, 『알기 쉬운 역의 원리』, 도서출판 世界, 1991.

50. 김운산 著, 『周易 희망의 문을 열어라』, 명문당, 1985.

51. 김영생 編著, 『열역신서』, 새로운 문화사, 2004.

52. 김태수 著, 『漢文文法』, 한국학술정보(주), 2010.

53. 김혁제 著, 『明文新玉篇』, 명문당.

54. 국어사전편찬회, 『국어대사전』, 삼성출판사.

55. 최복용 著 『G3로!』, 도서출판 행복에너지. 2024.

[한반도 통일 관련 참고문헌]

단행본

1. 권재열 외 8인,『북한의 법체계:그 구조와 특색』, 서울:집문당, 2004
2. 민족통일연구원,『북한인권백서1996』, 1996
3. 민주평화통일자문회의,『남북관계법 제도, 그 현황과 대안』, 2004
4. 박종배,『통일한국 지식재산권의 이해』, 북코리아, 2011
5. 제성호,『남북교류협력 활성화를 위한 법제도 개선 방안』, 민족통일연구원, 1996
6. 최의철,『남북한 교류 협력 활성화 방안』, 서울:통일연구원, 2000
7. 통일부 통일정책실,『독일통일백서, 2000』, 2003
8. 통일원,『동 서독 교류협력사례집』, 1993

일반논문

1. 김준규, "동 서독 특허청 통합과 남북한 특허제도 비교",
   『특허청제도연구』, 1992
2. 박윤흔, "남북기본합의서 이행에 따른 남북교류협력법령의 보완
   발전방향", 서울대학교『법학』, 제34권, 1993
3. 신현윤, "남북한 교류협력에 관한 제도적 발전 방향",
   『대법원 주제발표문』, 2004
4. 오준근, "남북교류협력에 관한 현행법제와 그 개선방향", 통일원,
   『통일문제 연구』, 봄호, 1992
5. 이길상, "동 서독의 산업재산권 제도 통일",『특허정보지』, 9월호, 1996
6. 이장희, "한국통일과 국제법적 과제",『2008 남북법제 특별세미나』, 2008
7. 제성호, "남북통일과 법체계 통합",『통일정책연구』, 2000
8. 황동언, "남북한 법제도 통합상의 과제",『통일』, 통권 제194호, 1997

초판 1쇄 발행 2024년 4월 6일

지은이 최정용
발행인 권선복
편 집 이항재
교정·교열 한영미
디자인 이항재
전자책 서보미
발행처 도서출판 행복에너지
출판등록 제315-2011-000035호
주 소 (07679) 서울특별시 강서구 화곡로 232
전 화 010-3993-6277
팩 스 0303-0799-1560
홈페이지 www.happybook.or.kr
이메일 ksbdata@daum.net

값 **20,000**원
ISBN : 979-11-93607-26-8 (03180)
Copyright ⓒ 최정용

쉽고 재미 있게 풀어 쓴
격암유록

< 이 책이 나오기 까지 마음으로 응원해 주신 전국 교장 선생님 >